## Hello and welcome!

*Vor dir liegt der **Wordmaster**. Er hilft dir beim Wörterlernen.*

*Im Anschluss an die **New words** gibt es kurze Aufgaben, Rätsel und Wortspiele, mit denen du den neuen Wortschatz übst und festigst.*

*Sobald du neue Wörter in der Schule besprochen hast, bearbeite die **New words** in diesem Heft.*

*Die **fett gedruckten** deutschen Wörter sind Lernwörter. Sie fehlen im englischen Satz, damit du sie eintragen kannst.*

*Alle Lösungen findest du auf dem beigefügten Lösungsblatt.*

## New words ► *pp. 8–11 | VOCABULARY p. 195*

| | |
|---|---|
| 1 **Einwanderer/Einwanderin** | ________________ |
| 2 **Alligatoren** sind gefährliche Tiere. | ________________ are dangerous animals. |
| Ich habe noch nie einen **Alligator** gesehen. | I've never seen an ________________ . |
| 3 Der **Bison** ist das größte Landtier Amerikas. | The ________________ is America's biggest terrestrial animal. |
| Im Yellowstone Park kann man **Bisons** sehen. | You can see ________________ in Yellowstone Park. |
| 4 Wir müssen die **Natur** schützen. | We must protect ________________ . |
| 5 Heute Nacht kann man viele **Sterne** sehen. | You can see lots of ________________ tonight. |
| 6 Florida ist ein **Staat** in den USA. | Florida is a ________________ in the USA. |
| 7 Kolumbus nannte die **amerikanischen Ureinwohner** „Indianer". | Columbus called the ________________ ________________ "Indians". |
| 8 **Sklaven** mussten hart arbeiten. | ________________ had to work hard. |
| 9 Wie viele **europäische** Hauptstädte kennst du? | How many ________________ capitals do you know? |
| 10 Die ersten weißen **Siedler** kamen vor etwa 400 Jahren nach Amerika. | The first white ________________ came to America about 400 years ago. |
| 11 Hört auf zu **kämpfen**! | Stop ________________ ing! |
| 12 Der amerikanische **Unabhängigkeitskrieg** dauerte 8 Jahre. | The American ________________ of ________________ lasted 8 years. |
| 13 Ein **Orkan** ist ein gefährlicher Sturm. | A ________________ is a dangerous storm. |
| 14 (europäischer) **Fußball** *(AE)* | ________________ |
| 15 Die bekannteste **Statue** in den USA ist die **Freiheitsstatue**. | The best-known ________________ in the USA is the ________________ of ________________ . |
| 16 Rede**freiheit** | ________________ of speech |

## 1 Find the right words

*Diese Tiere leben in Amerika. Einige hast du in dieser Unit kennengelernt, andere kennst du bereits. Trage die Tiernamen in das Kammrätsel ein. Wie heißt das Tier in den blauen Feldern?*

## 2 Word families

*Ergänze die passenden Adjektive zu den angegebenen Nomen.*

| | Noun | Adjective |
|---|---|---|
| 1 | Europe | |
| 2 | freedom | |
| 3 | independence | |
| 4 | America | |

*Ergänze die passenden Verben zu den angegebenen Nomen.*

| | Noun | Verb |
|---|---|---|
| 1 | settler | |
| 2 | fight | |
| 3 | arrival | |
| 4 | work | |

## 3 Scrambled words

*Die unterstrichenen Wörter sind falsch geschrieben. Schreibe sie richtig neben die Sätze.*

1 Where in America did lots of <u>mimistrang</u> arrive? __________

2 In 1776 there were over 460.000 <u>valses</u> in America. __________

3 In the War of <u>penIndencede</u> America fought England. __________

4 The <u>tutaSe</u> of Liberty is a famous American symbol. __________

5 A <u>ecanrihur</u> is a very strong storm. __________

# Unit 1 In New York City

## New words ▸ *pp. 12–13 | VOCABULARY p. 195*

| | |
|---|---|
| 1 Von hier oben hast du eine tolle **Aussicht**. | You have a great ____________ from up here. |
| 2 Sylt ist eine deutsche **Insel**. | Sylt is a German ____________. |
| 3 **Skyline** | ____________ |
| 4 Siehst du das Flugzeug am **Himmel**? | Can you see the plane in the ____________? |
| 5 **Allee** | ____________ |
| 6 Diese Insel fühlt sich wie das **Paradies** an. | This island feels like ____________. |
| 7 Der Strand ist **großartig**! | The beach is ____________! |

## 1 Irregular verbs

*Übersetze die Wörter ins Englische und trage ihren Infinitiv sowie die Formen im simple past und das past participle in die Tabelle ein.*

| | Infinitive | Simple past | Past participle |
|---|---|---|---|
| 1 | see | saw | seen |
| 2 | | | |
| 3 | | | |
| 4 | | | |
| 5 | | | |
| 6 | | | |
| 7 | | | |
| 8 | | | |

## 2 Find the right words

*Ergänze das fehlende Wort in jedem Satz. Die Anfangsbuchstaben helfen dir dabei.*

1 The Empire State Building is part of Manhattan's S____________.

2 You get a fantastic V____________ from up there.

3 5th A____________ is New York's famous shopping street.

4 Some say it's a shopper's p____________.

5 Lots of people say New York is a____________.

## New words ▸ *p. 14 | VOCABULARY pp. 195–196*

| | | |
|---|---|---|
| 1 | In New York gibt es viele **Wolkenkratzer**. | There are lots of ______________ in New York. |
| 2 | Meine Eltern wollen ein Haus **bauen**. | My parents want to ______________ a house. |
| 3 | **Terroristen haben** 2001 das World Trade Center **zerstört**. | ______________________ the World Trade Center in 2001. |
| 4 | Bis zu unserer Wohnung musst du 95 **Stufen** hochsteigen. | You have to climb 95 ______________ to get to our flat. |
| 5 | Könige tragen **Kronen** zu wichtigen Anlässen. | Kings wear ________________ at important events. |
| 6 | Bitte putz dir die **Nase**! | Blow your ______________________, please. |
| 7 | **Eins Komma sechs Millionen** | ________________________________ |
| 8 | Unsere Schule hat zwei Tennis**plätze**. | Our school has two tennis ______________. |
| 9 | Bei uns um die Ecke gibt es einen großen **Spielplatz**. | There's a big ____________________ around the corner of our house. |
| 10 | Im Oktober öffnet unsere **Schlittschuhbahn**. | Our ____________________ opens in October. |

## 3 British English – American English

*Wie schreibt man diese Wörter in britischem und wie in amerikanischem Englisch? Trage die richtige Schreibweise in die Tabelle ein.*

| | British English | American English |
|---|---|---|
| 1 | | |
| 2 | | |
| 3 | | |
| 4 | | |
| 5 | | |
| 6 | | |

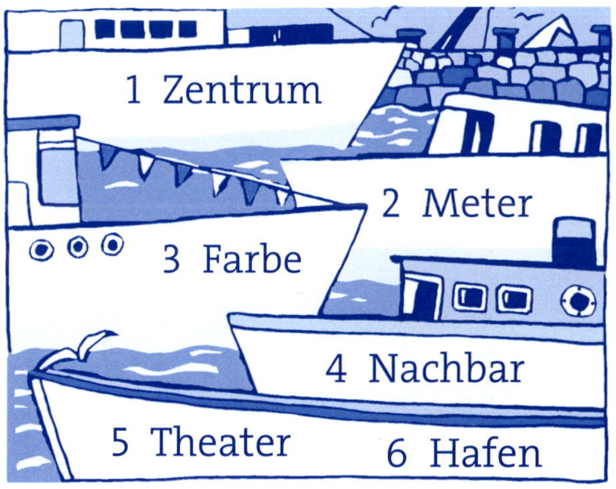


*Schreibe jetzt das fettgedruckte deutsche Wort in richtiger englischer Schreibweise in die Sätze:*

| | Deutsch | British English | American English |
|---|---|---|---|
| 1 | Oma **fuhr** immer erste Klasse. | Gran always __________ first class. | Gran always __________ first class. |
| 2 | Ich **reise** gerne. | I like ______________________. | I like ______________________. |

## New words ▸ *p. 15 | VOCABULARY pp. 196–197*

| | |
|---|---|
| 1 Die A1 **verbindet** Hamburg und Bremen. | The A1 ______________ Hamburg and Bremen. |
| 2 Die Brooklyn Bridge ist eine **Hängebrücke**. | The Brooklyn Bridge is a ______________. |
| 3 Wo kann ich meinen Mantel hin**hängen**? | Where can I ______________ my coat? |
| 4 Wir haben **Kabel**fernsehen. | We have ______________ TV. |
| 5 Was hast du gemacht, **nachdem** ich gegangen war? | What did you do ______________ I'd left? |
| 6 Wir sollten uns an die **Fakten** halten. | We should stick to the ______________. |
| 7 **Was** könnten wir **sonst** tun? | ______________ can we do? |
| 8 Rate die **Bedeutung** dieser Wörter. | Guess the ______________ of these words. |
| 9 Ich verstehe den Text nicht, weil er zu viele **unbekannte** Wörter enthält. | I don't understand the text because it contains too many ______________ words. |
| 10 Versuche, die Wörter aus dem **(Text-) Zusammenhang** zu verstehen. | Try to understand the words from the ______________. |

## 4 Find the right words

*Beschrifte die Bilder auf Englisch.*

1 ______________

2 ______________

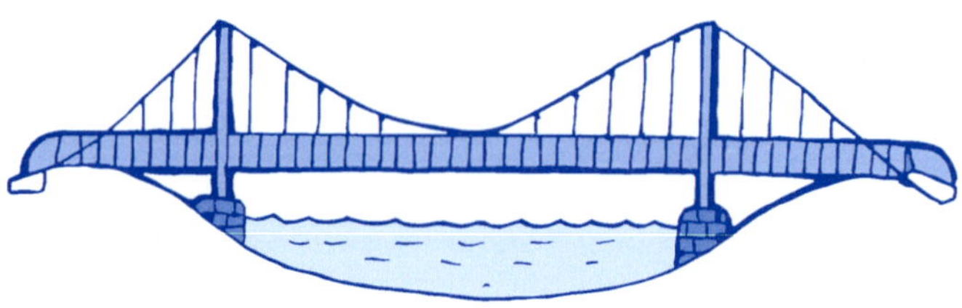

3 ______________

4 ______________

5 ______________

6 ______________

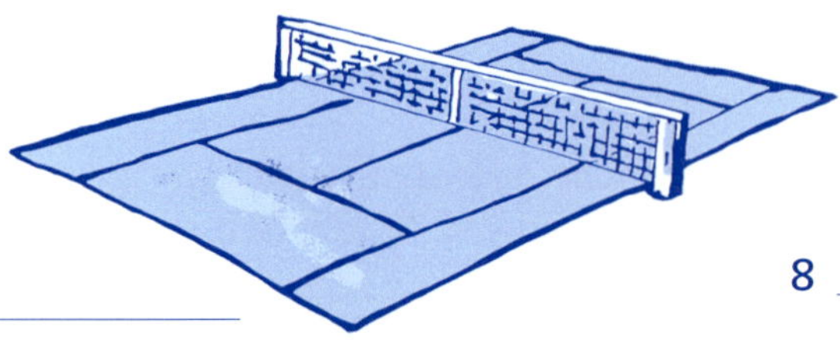

7 ______________

8 ______________

## New words ▸ *pp. 16–17 | VOCABULARY p. 197*

| | |
|---|---|
| 1 Mein kleiner Bruder hat immer gute **Laune**. | My little brother is always in a good ________________. |
| 2 Kann ich um 17 Uhr **vorbeikommen**? | Can I ________________ at 5? |
| 3 Opa wohnt in einer kleinen **Wohnung** in New York. | Grandad lives in a small ________________ in New York. |
| 4 **Das sind wir** letzten Sommer. | ________________ last summer. |
| 5 Julia war meine amerikanische Gast**mama**. | Julia was my American host ________________. |
| 6 Ich habe ihren Geburtstag vergessen – wie **peinlich**. | I forgot her birthday – how ________________. |
| 7 Ich war so müde, dass ich um 9 **einschlief**. | I was so tired that I ________________ at 9. |
| 8 Es ist schon 11, aber Philip **schläft** immer noch. | It's 11, but Philip ________________ still ________________. |
| 9 Welche **U-Bahn** fährt zum Times Square? | Which ________________ goes to Times Square? |
| 10 **Probier** mal unsere neuen Smoothies! | ________________ our new smoothies! |
| 11 *Kleines preiswertes Restaurant* | ________________ |
| 12 Sport zu treiben ist **viel** cooler als fernzusehen. | Doing sport is ________________ cooler than watching TV. |
| 13 Finde eine gute **Überschrift** für deinen Text. | Find a good ________________ for your text. |

## 5 Opposites

*Finde das Gegenteil.*

1 build ◂▸ ________________

2 before ◂▸ ________________

3 known ◂▸ ________________

4 wake up ◂▸ ________________

## 6 Odd word out

*Streiche das Wort durch, das nicht in die Reihe passt. Finde dann einen Oberbegriff für die verbliebenen Wörter.*

1 immigrant – settler – slave – hurricane : ________________

2 skycraper – avenue – subway – terrorist : ________________

3 neighbor – center – color – theatre : ________________

## New words ▸ *pp. 18–20 | VOCABULARY pp. 197–198*

| | |
|---|---|
| 1 Ich hatte nie die **Gelegenheit**, in die USA zu fahren. | I never had the ______________ to go to the USA. |
| 2 Lass uns drei verschiedene Gerichte von der **Speisekarte auswählen.** | Let's ______________ three different dishes from the ______________. |
| 3 Kannst du etwas **empfehlen**? | Can you ______________ something? |
| 4 Möchten Sie **bestellen**? | Are you ready to ______________? |
| 5 Ich komme gleich wieder, um Ihre **Bestellung** aufzunehmen. | I'll come back in a minute to take your ______________. |
| 6 Wenn wir zu laut sind, bekommen wir **zusätzliche** Hausaufgaben. | We get ______________ homework when we're too loud. |
| 7 Kannst du mich bitte zur Schule **bringen**? | Can you ______________ me to school, please? |
| 8 Nachdem der Sturm unser Haus zerstört hatte, waren wir eine Weile **obdachlos**. | After the storm had destroyed our house, we were ______________ for a while. |
| 9 ein **Ratgeber** für Hundebesitzer | a ______________ for dog owners |
| 10 Lass uns eine **Pause** machen. | Let's take a ______________. |
| 11 Wenn du einen Text geschrieben hast, überprüfe die **Rechtschreibung**. | When you've written a text, check your ______________. |
| 12 Sklaven haben viel Leid **erfahren**. | Slaves ______________ a lot of pain. |
| 13 Ich würde gerne eine **Kreuzfahrt** machen. | I'd like to go on a ______________. |

## 7 Lost words

*Setze die Wörter aus den Ballons ein.*

1 Yesterday I fell asleep ______________ the subway.

2 Jacky, why don't you come ______________ this afternoon and we can do our homework together.

3 There's a new diner around the corner. Let's go and check it ______________.

4 Mike recommended it ______________ me.

5 Let's meet ______________ six.

## 8 Word snake

*Übersetze die Verben in der Schlange und trage ihren Infinitiv sowie das simple past und das past participle in die Liste ein.*

| | Infinitive | Simple past | Past participle |
|---|---|---|---|
| 1 | fight | fought | fought |
| 2 | | | |
| 3 | | | |
| 4 | | | |
| 5 | | | |
| 6 | | | |
| 7 | | | |

## New words ▸ *p. 21 | VOCABULARY p. 199*

| | | |
|---|---|---|
| 1 | **Einleitung/Einführung** | ________________ |
| 2 | In Großstädten sind **Kriminalität** und **Gewalt** oft ein Problem. | Big cities often have problems with ________ ________ and ________. |
| 3 | Er sah **verdächtig** aus, aber er war **unschuldig**. | He looked ________________, but he was ________________. |
| 4 | Wer ist der **Autor** dieses Buches? | Who is the ________________ of this book? |
| 5 | Die Tür ließ sich nicht öffnen – ich war **gefangen**. | The door wouldn't open – I was ________________. |
| 6 | Zacks **Freundschaft** ist mir sehr wichtig. | Zack's ________________ is very important to me. |
| 7 | Dies ist nur eine Kopie. Ich habe das **Original** verloren. | This is just a copy. I've lost the ________________. |
| 8 | Ich **übe** jeden Tag zwei Stunden Klavier. | I ________________ the piano two hours a day. |
| 9 | Montags habe ich Fußball**training**. | I have soccer ________________ on Monday. |
| 10 | Da ist das Parkhaus. Bitte **halte an**. Ich will **aussteigen**. | There's the parking garage. Please ________________. I want to ________________. |
| 11 | Er wischte sich den **Schweiß** aus dem Gesicht. | He wiped the ________________ from his face. |

## 9 Word search

*Kreise weitere 13 Wörter im Buchstabenquadrat ein. Sie alle sind britisches Englisch. Schreibe sie in die Tabelle und ergänze dann die Wörter mit derselben Bedeutung aus dem amerikanischen Englisch.*

| | | | | | | | | |
|---|---|---|---|---|---|---|---|---|
| A | J | B | S | C | D | E | A | T |
| C | A | N | T | E | E | N | U | R |
| R | M | T | E | L | I | O | T | O |
| I | F | G | E | H | I | R | U | U |
| S | T | J | W | L | K | U | M | S |
| P | L | O | S | M | I | B | N | E |
| S | N | O | R | U | B | B | E | R |
| S | P | I | H | C | P | I | O | S |
| Q | R | M | A | T | H | S | T | M |
| Y | A | D | I | L | O | H | U | V |
| F | L | A | T | W | Z | T | M | X |

| British English | American English |
|---|---|
| canteen | cafeteria |
| | |
| | |
| | |
| | |
| | |
| | |
| | |
| | |
| | |
| | |
| | |
| | |
| | |

## New words ▸ *p. 22 | VOCABULARY pp. 199–200*

| | |
|---|---|
| 1 Freunde sollten **einander** helfen. | Friends should help __________. |
| 2 Wir **fahren** gerne **mit dem Auto herum**. | We like __________ ing. |
| 3 **Was ist los?** | __________ |
| 4 Ich sah Tom, **als** ich die Hauptstraße runterlief. | I saw Tom __________ I was walking down the high street. |
| 5 Ich muss zum Arzt, aber es ist nur eine **Routine**untersuchung. | I have to go to the doctor's, but it's only a __________ check-up. |
| 6 **Lehn** dich nicht aus dem Fenster. | Don't __________ out of the window. |
| 7 Trink ein Glas Wasser. **Es hilft vielleicht.** | Drink a glass of water. __________ |
| 8 **Ich nehme an,** dass du Recht hast. | __________ you're right. |
| 9 Manche Leute haben keine **Manieren**. | Some people have no __________. |
| 10 Ich wollte **einfach** so mit dir reden. | I __________ wanted to chat with you. |

## New words ▸ *pp. 22–23 | VOCABULARY p. 200*

| | |
|---|---|
| 1 **Gib** nicht **auf**! | Don't ______________________________ ! |
| 2 **Wen interessiert das?** | ______________________________ |
| 3 Wir wohnen **nahe bei** unseren Großeltern. | We live ______________ our grandparents. |
| 4 **Starr** mich nicht so an. | Don't ______________ at me like that. |
| 5 Man darf Kinder nicht **schlagen**. | You mustn't ______________ children. |
| 6 Vorsicht! Der **Fußboden** ist nass. | Careful! The ______________ is wet. |
| 7 Wir wollen hier alt **werden**. | We want to ______________ old here. |
| 8 Du wirst diesen **Kampf** nicht gewinnen. | You won't win this ______________ . |
| 9 Unser erstes Kind markierte den **Wendepunkt** unserer Beziehung. | Our first child marked the ______________ in our relationship. |

## New words ▸ *pp. 24–26 | VOCABULARY pp. 200–201*

| | |
|---|---|
| 1 Ich versuche immer, **höflich** zu sein. | I always try to be ______________ . |
| 2 Unser Haus hat drei **Stockwerke**. | Our house has three ______________ . |
| 3 Du **musst** nicht **bleiben**, wenn du nicht möchtest. | You don't ______________ if you don't want to. |
| 4 Kannst du **mir** dieses Spiel **erklären**? | Can you ______________ this game ______________ . |
| 5 Was ist **das Wesentliche** daran? | What's ______________ of it? |
| 6 Im Restaurant sitze ich gerne in einer **Nische**. | In a restaurant I like sitting in a ______________ . |
| 7 Ich mag **Rührei** zum Frühstück. | I like ______________ for breakfast. |
| 8 **Such den Text** schnell nach den wichtigsten Fakten ab. | ______________ for the most important facts. |
| 9 Er ist **Profi**tänzer. | He's a ______________ dancer. |

## 10 Crossword

*Hier kannst du testen, wie gut du die Vokabeln aus Unit 1 behalten hast.*

1 We ??? our washing in the garden.
2 become bigger
3 look hard at someone
4 → another word for "kind"
4 ↓ sb. who does sth. for money
5 dangerous behaviour that can hurt or kill
6 the beginning of a text or story
7 the way some people act when they are drunk
8 → the ground of a room; part of a building
8 ↓ take part in a war
9 the writer of a story or book
10 thinking that someone has done wrong
11 a boat trip; also: driving around for fun
12 drops of water that come out of your skin
13 another word for "only"
14 being friends with someone
15 not having done wrong
16 not far away
17 what you need when you're feeling stressed
18 what you feel when you can't get out of something
19 a small area in a restaurant
20 what American children call their mothers
21 what you do to get better at something
22 the way sb. is feeling at a particular time
23 a cheap American restaurant
24 part of a staircase
25 say what something means
26 tell the waiter what you would like to eat or drink

## New words ▸ p. 35 | VOCABULARY p. 201

| | |
|---|---|
| 1 **Löwen** leben in Afrika und Asien. | ____________ live in Africa and Asia. |
| 2 Ich habe im Supermarkt gefragt – sie haben im Moment keine offenen **Stellen**. | I've asked at the supermarket – they don't have any open ____________ at the moment. |
| 3 Leider haben wir gerade nichts **verfügbar**. | I'm afraid, we have nothing ____________ at the moment. |
| 4 Ich möchte **Fotograf** werden. | I want to become a ____________. |
| 5 Du kannst den Kurs **jederzeit** beginnen. | You can start the course ____________. |

## New words ▸ p. 36 | VOCABULARY p. 201

| | |
|---|---|
| 1 In großen Kaufhäusern **verlaufe** ich mich oft. | I often ____________ in big department stores. |
| 2 **Es macht mir nichts aus**, auf meinen kleinen Bruder aufzupassen. | ____________ looking after my little brother. |
| 3 Ich bin jetzt im 8. **Jahrgang**. | I'm in 8th ____________ now. |
| 4 Der Verkehr in New York ist **beängstigend**. | Traffic in New York is ____________. |
| 5 Manchmal fühle ich mich **uralt**. | Sometimes I feel ____________. |
| 6 Ich möchte die Schule **wechseln**. | I want to ____________ schools. |
| 7 Ich leihe mir oft Bücher aus der **Bücherei** aus. | I often borrow books from the ____________. |
| 8 Meine Eltern **vertrauen** mir. | My parents ____________ me. |
| 9 Wir **haben** lange genug **debattiert** – jetzt müssen wir handeln. | We ____________ long enough now – let's act now. |
| 10 Viele Menschen kamen, um uns zu helfen. Es war **unglaublich**. | Lots of people came to help us. It was ____________. |

## New words ▸ pp. 36–37 | VOCABULARY p. 202

| | |
|---|---|
| 1 Ich fühlte mich einsam. **Ich kannte niemanden.** | I felt lonely. ______________________ ______________________. |
| 2 Tom hat eine Lern**behinderung**. | Tom has a learning ______________________. |
| 3 **Und außerdem** sieht er sehr schlecht. | ______________________, he can't see very well. |
| 4 Wir wohnen im 6. Stock, aber zum Glück gibt es einen **Fahrstuhl**! | We live on the 6th floor, but luckily there's an ______________________. |
| 5 Welche Schuh**größe** hast du? | What ______________________ are your shoes? |
| 6 Bitte lauft nicht auf dem **Gang**. | Please don't run in the ______________________. |
| 7 Ich lasse meine Sportsachen im **Schließfach**. | I leave my sports gear in my ______________________. |

### 1 Linking

*Verbinde die deutschen Sätze mit den richtigen englischen Sätzen.*

1 Ich muss vielleicht meine Pläne ändern.
2 Unser Dorf hat sich verändert, seit ich jung war.
3 Müsst ihr die Unterrichtsräume wechseln?
4 Wir müssen Geld umtauschen, bevor wir in die USA fliegen.
5 Ich möchte mich vor dem Abendessen umziehen.
6 Bitte wechsle deine Kleidung öfter.

A I want to change before dinner.
B Do you have to change rooms between classes?
C I might have to change my plans.
E Our village has changed a lot since I was young.
D Please change your clothes more often.
F We have to change some money before we go to the USA.

### 2 The fourth word

*Ergänze das fehlende Wort.*

| | | |
|---|---|---|
| 1 book – author | photo – | ______________________ |
| 2 fight – fight | practise – | ______________________ |
| 3 young – old | very young – | ______________________ |
| 4 class – grade | lift – | ______________________ |

## 3 Opposites

*Finde das Gegenteil.*

1 find one's way ◄► ______________________

2 get into a car ◄► ______________________

3 far away from ◄► ______________________

4 rude ◄► ______________________

5 available ◄► ______________________

## 4 What's the word?

*Setze das richtige Wort in die Sätze ein.*

Last year I started a new job in New York. In the beginning I felt very lonely because I didn't know (1) ______________ in New York. After a while (2) ______________ told me about a choir that was open to (3) ______________ who was new in town. I joined it and loved it right from the beginning. I even met (4) ______________ who offered me a nice little apartment in her house. My new landlady is a nice old woman who has lived in New York all her life. If there is (5) ______________ I need to know, I can always ask her. Last week (6) ______________ funny happened: As I was walking down Fifth Avenue (7) ______________ called my name. But when I turned round, I couldn't see (8) ______________. I waited for a while and suddenly (9) ______________ jumped out of a taxi and ran towards me. It was an old friend from school who I hadn't seen for years. She had just started a new job in New York and thought she didn't know (10) ______________. She was very happy to see me and might even join my choir.

## New words ▸ *pp. 38–39 | VOCABULARY pp. 202–203*

| | | |
|---|---|---|
| 1 | Der **Höhepunkt** dieses Schulhalbjahres war das Musical. | This term's ______________ was the musical. |
| 2 | ein **häufiger** Fehler | a ______________ mistake |
| 3 | In unserem Dorf **werden** zweimal im Jahr Open-air-Konzerte **organisiert**. | Open-air concerts ______________ in our village twice a year. |
| 4 | Die Karten kosten **bis zu** 50 Euro. | Tickets cost ______________ 50 euros. |
| 5 | Woanders **kosten** sie oft **ein Vermögen**. | Elsewhere they often ______________. |
| 6 | *Event zur Beschaffung von Geld/Spenden* | ______________ |
| 7 | Lass uns früh aufstehen, **damit** wir als erste am Strand sind. | Let's get up early ______________ we're the first at the beach. |
| 8 | Im Sommer **mieten** wir uns oft ein Ferienhaus. | We often ______________ a holiday home in the summer. |
| 9 | Bin ich **die Einzige**, die nicht tanzen kann? | Am I ______________ who can't dance? |
| 10 | Wo bist du? Wir haben eine **Verabredung**! | Where are you? We have a ______________! |
| 11 | Ich habe heute den **Vertrag** für meine neue Stelle bekommen. | I got the ______________ for my new job today. |
| 12 | Manche Leute gehen nur auf Partys, um **sich** zu **betrinken**. | Some people only go to parties to ______________. |
| 13 | Du musst bitte hier **unterschreiben**. | Please ______________ here. |
| 14 | Ich **verspreche** dir, pünktlich zu Hause zu sein. | I ______________ to be home on time. |
| 15 | Manche Leute wollen **sich** nicht gut **benehmen**. | Some people don't want to ______________ well. |
| 16 | **Alkohol** und **Drogen** sind in diesem Club verboten. | ______________ and ______________ are forbidden in this club. |
| 17 | Tim **hat** sich letzte Woche das Bein **gebrochen**. | Tim ______________ his leg last week. |

## 5 Two German words – one English word

*Finde das englische Wort zu den jeweils unterstrichenen deutschen Wörtern und setze es in die englischen Sätze ein.*

| | |
|---|---|
| 1 Ich möchte mit dir alt werden. | I want to ______________ old with you. |
| Kartoffeln wachsen nicht auf Bäumen. | Potatoes don't ______________ on trees. |
| 2 Leg deinen Pullover in den Schrank, nicht auf den Fußboden. | Put your pullover in your wardrobe, not on the ______________. |
| Wir wohnen im zweiten Stock. | We live on the second ______________. |
| 3 Ich habe eine Verabredung mit Tim. | I have a ______________ with Tim. |
| Welches Datum haben wir heute. | What ______________ is today? |

## 6 Bits and pieces

*Verbinde die Silben, um englische Wörter zu bilden. Übersetze diese dann ins Deutsche. Setze anschließend die richtigen englischen Wörter in die Sätze ein.*

| | | | |
|---|---|---|---|
| A pos | ible | ______________ | ______________ |
| B avail | way | ______________ | ______________ |
| C any | able | ______________ | ______________ |
| D intimi | time | ______________ | ______________ |
| E incred | ition | ______________ | ______________ |
| F hall | dating | ______________ | ______________ |

1 New York is so big and ______________.

2 I'm working on Monday and Tuesday, but I'm ______________ for the rest of the week.

3 Come and stay with us ______________ in July.

4 My new classmate speaks four languages – it's ______________.

5 My sister wants to apply for the ______________ of principal at our local school.

6 Stop running in the ______________!

## New words ▸ *pp. 40–42 | VOCABULARY pp. 203–204*

| | |
|---|---|
| 1 Ich spiele **Querflöte** im Schulorchester. | I play the ______________ in our school band. |
| 2 Ich **freue** mich darauf, beim nächsten Konzert mitzuspielen. | I ______________ playing at our next concert. |
| 3 Zuerst fand ich das Üben langweilig, aber dann habe ich **mich** daran **gewöhnt**. | First I found practising boring, but then I ______________ it. |
| 4 Es war so voll, dass es schwer war, nicht **mit** Leuten **zusammenzustoßen**. | It was so crowded that it was hard not to ______________ other people. |
| 5 Ich **träume davon**, Schauspieler zu werden. | I ______________ becoming an actor. |
| 6 **Cheerleader** | ______________ |
| 7 Alle **jubelten**, als ich Erste wurde. | Everybody ______________ when I came in first. |
| 8 Wann können wir über unseren nächsten Urlaub **sprechen**? | When can we ______________ our next holiday? |
| 9 Tom kann gut **argumentieren**. | Tom is good at ______________ ing. |
| 10 Er ist auch **künstlerisch** sehr **begabt**. | He also very ______________. |
| 11 Julia **arbeitet ehrenamtlich** in einem Jugendclub. | Julia ______________ at a youth club. |
| 12 **Erstens** brauchst du viel Zeit, und Kinder zu mögen **ist ein Muss**. | ______________, you need a lot of free time, and being fond of children ______________. |
| 13 Du musst **dich anstrengen**, wenn du gewinnen willst. | You have to ______________ if you want to win. |
| 14 Oma hat mir neulich einen guten **Ratschlag** gegeben. | Granny gave me ______________ the other day. |
| 15 *in, auf* und *von* sind **Präpositionen** | *in, on* and *of* are ______________ |
| 16 Mama kennt meine **Vorlieben und Abneigungen** und kocht nur, was ich mag. | Mum knows my ______________ ______________ and only cooks what I like. |
| 17 Es ist schwer, mit ihm zu **kommunizieren**, da er nur Chinesisch spricht. | It's hard to ______________ with him as he only speaks Chinese. |

## 7 Numbers and letters

*Zu jeder Zahl gehört ein Buchstabe. Finde zuerst die Lösungswörter. Vervollständige dann den Lösungssatz.*

Dear Sam,

I would like to invite you to my prom. It'll be on June 15th. My parents have agreed to pay for your ticket too. Our tickets are really cheap because we O R G A N I Z E D (1 2 3 4 5 6 7 8 9) a few ___ ___ ___ ___ (10 11 5 9) - ___ ___ ___ ___ ___ ___ ___ ___ ___ ___ ___ ___ ___ (2 4 6 12 6 5 3 8 13 8 5 14 12) and made quite a bit of money with them. I'd love you to be my ___ ___ ___ ___ (9 4 14 8) for the prom.

Have you ever been to a prom? If not, here are a few things you need to know: as proms are the ___ ___ ___ ___ ___ ___ ___ ___ ___ (15 6 3 15 16 6 3 15 14) of the school year, girls wear long dresses and boys wear tuxedos. Students have to ___ ___ ___ ___ (12 6 3 5) a ___ ___ ___ ___ ___ ___ ___ ___ (17 1 5 14 2 4 17 14) at our school. We have to ___ ___ ___ ___ ___ ___ ___ (18 2 1 19 6 12 8) to ___ ___ ___ ___ ___ ___ (20 8 15 4 13 8) well and stay away from ___ ___ ___ ___ ___ ___ ___ (4 16 17 1 15 1 16) and ___ ___ ___ ___ ___ (9 2 11 3 12).

Our school band is great and there'll be some good DJs too!

___ (6) ___ ___ ___ K (16 1 1) ___ ___ ___ W ___ ___ ___ (10 1 2 4 2 9) ___ ___ (14 1) ___ ___ ___ ___ ___ ___ ___ (9 4 5 17 6 5 3) with you all night long!

Jacky

## New words

► p. 43 | VOCABULARY p. 204

| | |
|---|---|
| 1 Da er ein Auto gestohlen hatte, musste er sechs Monate **Sozialdienst** leisten. | As he'd stolen a car, he had to do ________________ ________________ for six months. |
| 2 **Roll** dich bitte auf den Rücken. | Please ________________ on your back. |
| 3 Plötzlich **ging** mein Handy **los**. | Suddenly my mobile ________________. |
| 4 Es ist heute zu kalt, um **Shorts** zu tragen. | It's too cold to wear ________________ today. |
| 5 Zieh ein **sauberes** Hemd an! **So** kannst du nicht zur Schule gehen. | Put a ________________ shirt on! You can't go to school ________________. |
| 6 Er redet Unsinn. **Ignoriere** ihn einfach! | He's talking rubbish. Just ________________ him! |
| 7 Hier gibt es kein **Lebensmittelgeschäft**. | There isn't a ________________ here. |
| 8 Fahrräder bitte **schieben**. | Please ________________ your bikes. |
| 9 **Entschuldige mal!** | ________________ |

## New words ▸ *p. 44 | VOCABULARY pp. 204–205*

| | |
|---|---|
| 1 Du siehst **schick** aus in deinem neuen Kleid. | You're looking ___ in your new dress. |
| 2 Du darfst **während** der Fahrt nicht essen. | You're not allowed to eat ___ the trip. |
| 3 Oma küsst mich immer auf die **Wange**. | Gran always pecks me on the ___. |
| 4 **Beeil dich**. Wir sind spät dran. | ___. We're late. |
| 5 Man konnte die **Begeisterung** des Publikums spüren. | You could feel the ___ of the audience. |
| 6 Du hast zu viele **Filme** gesehen! | You've watched too many ___! |
| 7 Wenn du deine Sozialstunden schwänzt, landest du im **Gefängnis**. | If you skive community service, you'll end up in ___. |
| 8 **Ich wurde verhaftet**. Ich hatte zwei Autos gestohlen. | ___. I had stolen two cars. |
| 9 **Halte dich von** Drogen **fern**. | ___ drugs. |
| 10 Ich traf ihn **Eingangshalle** des Hotels. | I met him in the hotel ___. |
| 11 Mona ist sehr **verantwortungsbewusst**. | Mona is a very ___ girl. |
| 12 Ich habe sie aus dem Augen**winkel** gesehen. | I saw her out of the ___ of my eye. |
| 13 Sie **scheint** sehr nett zu sein. | She ___ to be very nice. |

## 8 Lost words

*Füge das richtige Wort in die Sätze ein. Verwende die Wörter aus den Seifenblasen.*

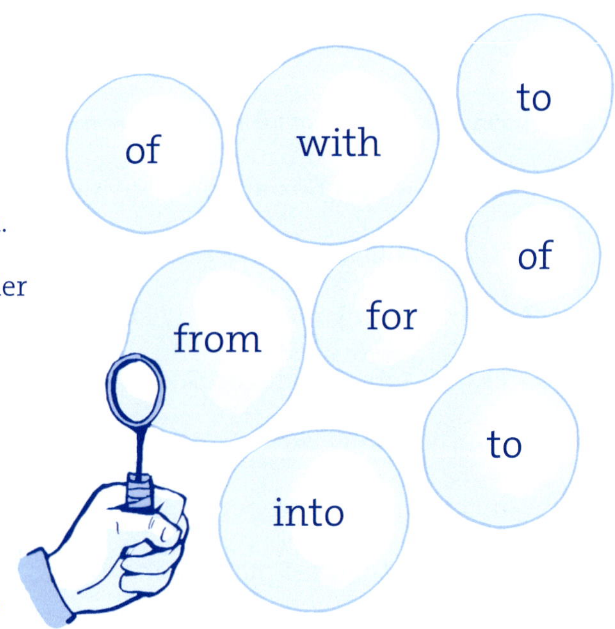


1 We look forward ___ hearing from you.

2 You have to get used ___ working harder for school this year.

3 Last week I bumped ___ an old friend.

4 Mark dreams ___ becoming a pilot.

5 Who is responsible ___ this mess?

6 My mother gave me a piece ___ advice last night: she told me to keep away ___ students who skived school.

7 How do you communicate ___ your brother at the moment?

## New words ▸ *p. 45 | VOCABULARY p. 205*

| | |
|---|---|
| 1 Kannst du das Baby kurz **halten**? | Can you ________ the baby for a moment? |
| 2 Zieh das T-Shirt runter. Nicht jeder muss deinen **Bauchnabel** sehen. | Pull your T-shirt down. Not everybody needs to see your ________________. |
| 3 Der Sturm **hat** 50 Menschen **getötet**. | The storm ________________ 50 people. |
| 4 Wir **steuerten** auf das Café **zu**. | We ________________ the cafe. |
| 5 Papa **bringt** immer mein Rad **in Ordnung**. | Dad always ________________ my bike. |
| 6 Mein **Zahn** tut weh. – Du musst deine **Zähne** öfter putzen! | My ____________ hurts. – You have to clean your ____________ more often. |
| 7 **Machst du Witze?** | ________________________ |
| 8 Hast du die **ganze** Flasche getrunken? | Did you drink the ____________ bottle? |
| 9 Die Firma möchte ihr **Image** verbessern. | The company wants to improve its ________. |

## 9 Word pairs

*Welche Wörter passen zusammen?*

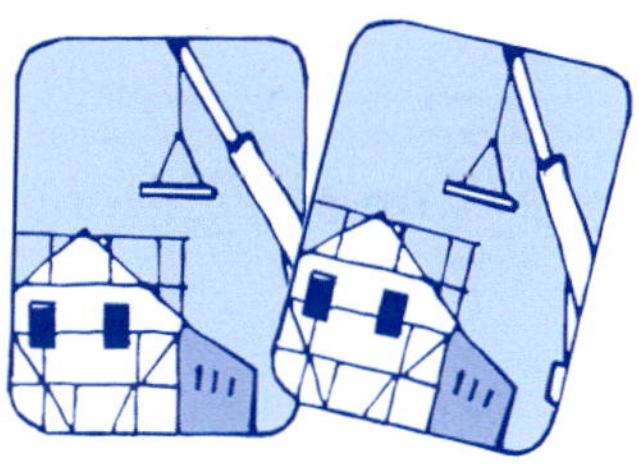

________ a house

________ asleep

________ a meal

________ the menu

________ a rest

________ suspicious

________ the guitar

________ a friend

________ a fortune

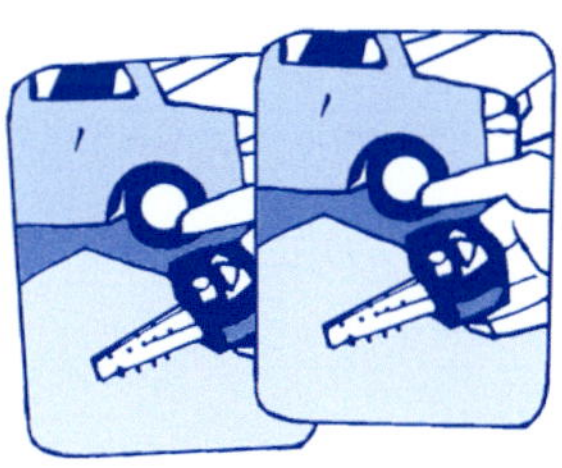

________ a car

build – cost – fall – look – order – practise – read – rent – take – trust

## New words ▸ *pp. 46–47 | VOCABULARY pp. 205–206*

| | |
|---|---|
| 1 Ruhe! Herr Cox möchte eine **Ansage** machen. | Silence! Mr Cox wants to make an ____________________. |
| 2 Komm von meinem Rad **herunter**! | Get ____________________ my bike! |
| 3 Pass auf deine **Sachen** auf. | Take care of your ____________________. |
| 4 ein **Denkmal** für Nelson Mandela | a ____________________ to Nelson Mandela |
| 5 Ohne **Besucherausweis** kommst du nicht rein. | You won't get in without a ____________________. |
| 6 Wer ist der **Herausgeber** des Magazines? | Who is the ____________________ of the magazine? |
| 7 Er ist ein **harter** Kerl, der nie weint. | He's a ____________________ guy who never cries. |
| 8 Reiten hat eine lange **Tradition**. | Riding has a long ____________________. |
| 9 Meine Familie trifft sich immer zum **Erntedankfest**. | My family always meets on ____________________. |
| 10 Wir **ziehen** uns dafür nett **an**. | We ____________________ nicely for the event. |
| 11 Team**geist** | team ____________________ |
| 12 Baseball ist ein recht **aggressives** Spiel. | Baseball is quite an ____________________ game. |
| 13 **Während** wir schliefen, ist jemand bei uns eingebrochen. | ____________________ we were sleeping, someone broke into our house. |
| 14 Waffen sollten **verboten werden**. | Guns should ____________________. |
| 15 **Mit freundlichen Grüßen** Robert Schmidt | ____________________ Robert Schmidt |
| 16 Meine Geschichte **endet** hier. | My story ____________________ here. |

## 10 Missing letters

*In jedem Satz fehlt in einem Wort ein Buchstabe. Schreibe das richtige Wort neben den Satz. Die fehlenden Buchstaben ergeben das Lösungswort.*

1 My parents always trut me. ____________________ ☐

2 John is a comon English name. ____________________ ☐

3 My brother has a learning disbility. ____________________ ☐

4 I had to pomise my parents to be home at eight! ____________________ ☐

5 I often work at a grocery sore. ____________________ ☐

## 11 Word web

*Finde die Wörter, die in das Spinnennetz passen. Alle haben sechs Buchstaben und enden auf -e.*

1 put on different clothes
4 ◂▸ rude
5 driving around in a car for fun
6 discuss something seriously
7 do things in a certain way
8 decide which thing one wants out of the ones that are available
9 Gelegenheit
10 pay no attention to something or someone

(2)

(3)

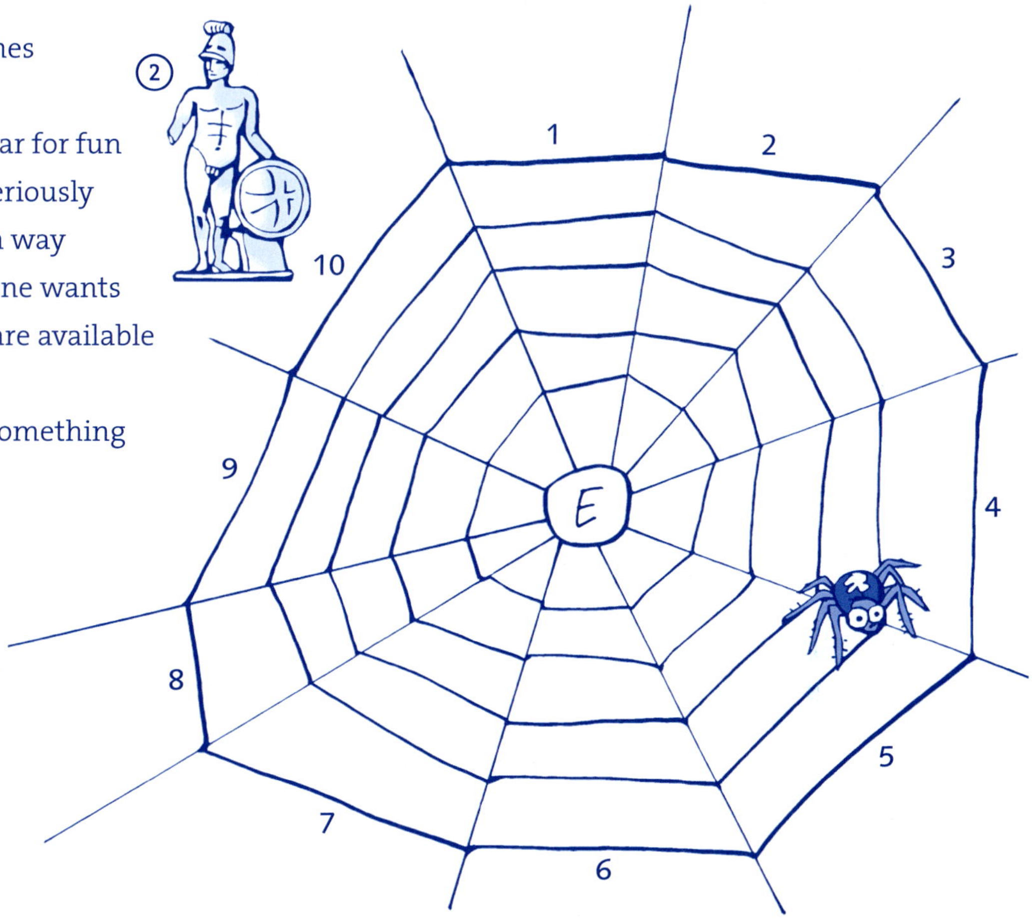


## 12 Find the right pairs

*Vervollständige jeden Satz mit dem richtigen Wortpaar.*

at + off | for + for | to + up

at + up | into + out | by + at

1 Come __________ __________ 8 o'clock and we can watch a movie.

2 I'd like to go __________ town and check __________ the new computer store.

3 I had to cook dinner __________ 12 people. So I was trapped in the kitchen __________ hours.

4 Dad tried to explain the American football rules __________ me, but he soon gave __________ because I didn't understand a word of them.

5 I have to be at school __________ 8 o'clock, so my alarm clock goes __________ at 7.

6 The movie starts __________ 7.30. Hurry __________!

## New words ▸ *p. 48 | VOCABULARY p. 206*

| | |
|---|---|
| 1 **Vergleicht** eure Ergebnisse. | ________________ your results. |
| 2 Zu viele Teenager **rauchen**. | Too many teens ________________. |
| 3 Wir bitten um Abend**kleidung**. | Please wear evening ________________. |
| 4 Kurze Hosen sind nicht **angemessen**. | Shorts are not ________________. |
| 5 Tom und ich sind uns **in mancher Hinsicht** sehr **ähnlich**. | Tom and I are very ________________ ________________. |
| 6 Ich will mein Englisch unbedingt **verbessern**. | I really want to ________________ my English. |
| 7 Englisch zu sprechen ist ein großer **Vorteil**. | Speaking English is a big ________________. |

## 13 Find the right words

*Trage die Wörter in das Kammrätsel ein. Wie heißt das Lösungswort in den blauen Feldern?*

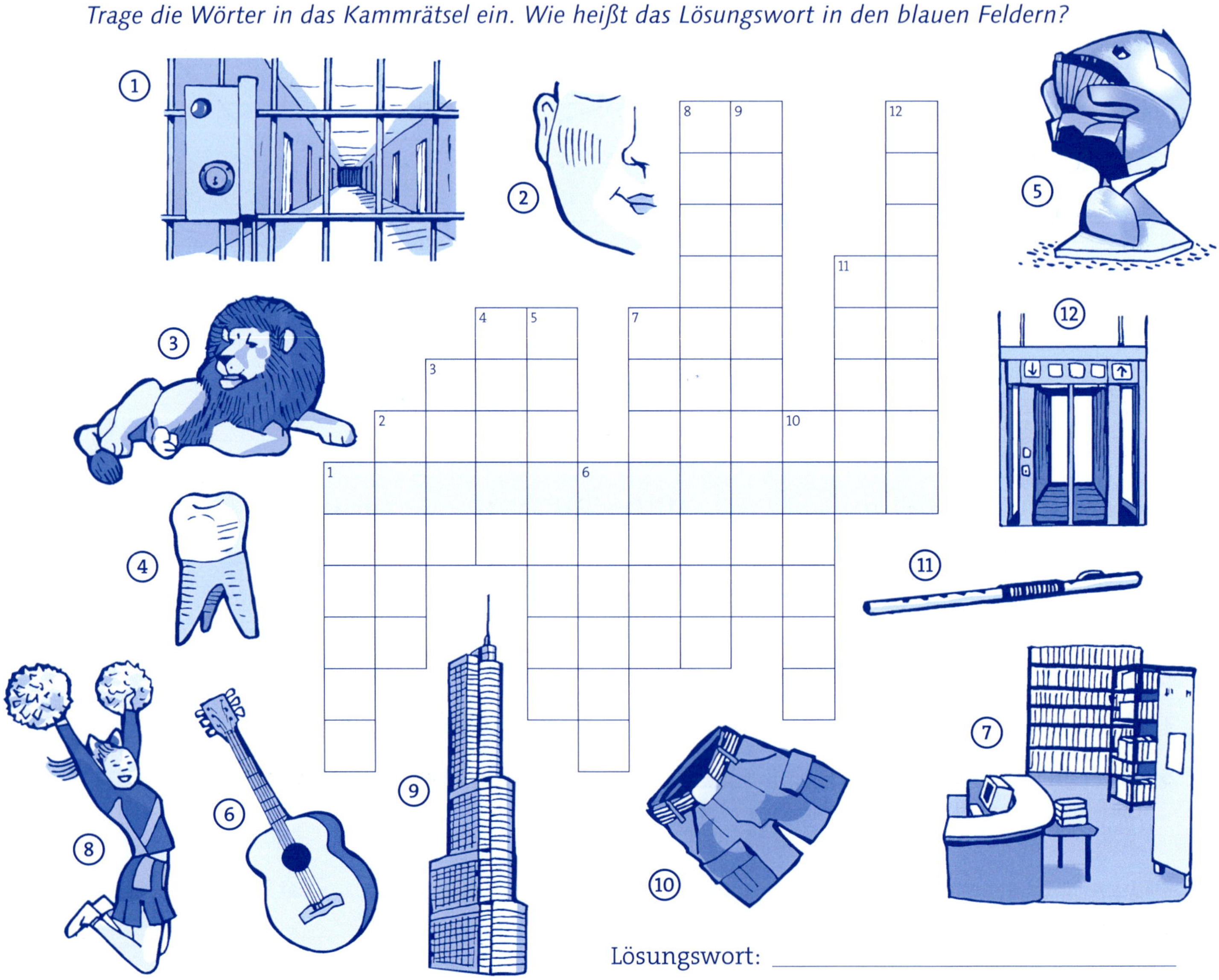


Lösungswort: ________________

# On the road in California



## New words ▸ *pp. 54–55 | VOCABULARY pp. 206–207*

| | |
|---|---|
| 1 **Wandern** ist mein Lieblingshobby. | ______________ is my favourite hobby. |
| 2 Ich habe einen Job in der Computer-**Industrie**. | I have a job in the computer ______________. |
| 3 Wir **bauen** unsere eigenen Tomaten **an**. | We ______________ our own tomatoes. |
| 4 In der **Wüste wachsen** keine Bäume. | Trees don't ______________ in the ______________. |
| 5 Die Erd**bevölkerung** wächst schnell. | The world ______________ is growing fast. |
| 6 **Nenne** drei amerikanische Städte. | ______________ three American towns. |
| 7 San Francisco liegt an der Pazifik-**Küste**. | San Francisco is on the Pacific ______________. |
| 8 Wir standen auf dem Berg und schauten ins **Tal**. | We stood on the mountain and looked down into the ______________. |
| 9 In der Ferne konnten wir den **Ozean** sehen. | We could see the ______________ in the distance. |
| 10 Gestern hatten wir nur 10 **Grad Celsius**. | Yesterday it was only 10 ______________. |
| 11 Manche Leute haben eine seltsame **Vorstellung** von Amerika. | Some people have a strange ______________ of America. |

## 1 What's the right word: *during* or *while*?

1 There are lots of highlights ______________ the school year.

2 Sam's father came home ______________ we were watching TV.

3 Tom had changed a lot ______________ the summer.

4 You mustn't leave school ______________ the day!

5 ______________ Jack helped his grandparents on their farm, he learnt a lot about cows.

6 ______________ his work experience in a hotel he met lots of interesting people.

7 Mum doesn't want me to work ______________ the school year.

8 But I don't want to work ______________ everybody else is on vacation.

## New words ▸ *pp. 56–57 | VOCABULARY pp. 207–208*

| | |
|---|---|
| 1 Wir wollen **Alleinerziehenden** helfen. | We want to help ______________________. |
| 2 Ich mag meine Arbeit, aber sie **wird nicht besonders gut bezahlt**. | I like my job, but it ______________________ ______________________. |
| 3 Ich habe nur einen **Halbtagsjob**. | I only have a ______________________. |
| 4 **Das liegt daran, dass** meine Kinder noch zur Schule gehen. | ______________________ my children are still at school. |
| 5 **Vielleicht** fliegen wir in den **Oster**ferien nach San Francisco. | ______________________ we're flying to San Francisco in the ______________ holidays. |
| 6 Mats und Ida **kommen** meistens gut **miteinander aus**. | Mats and Ida usually ______________________ ______________________. |
| 7 Viele Kinder kennen **Seelöwen** nur aus dem Zoo. | Lots of children have only ever seen __________ ______________________ at the zoo. |
| 8 Das ist eine schöne **Strecke**. | That's a nice ______________________. |
| 9 Die **einfache Fahrt** kostet $5. | It's $5 ______________________. |
| 10 Du darfst auf dem **Gehweg** nicht Radfahren. | You mustn't cycle on the ______________. |
| 11 Tom sah mich und **winkte** mir **zu**. | Tom saw me and ______________________ me. |
| 12 Wo können wir **an Bord gehen**? | Where can we ______________________ the boat? |
| 13 Freier **Eintritt** für Kinder unter 5 | Free ______________________ for children under 5 |
| 14 **Zieh** nicht an meinen Haaren! | Don't ______________________ my hair! |

## 2 The fourth word

*Ergänze das fehlende Wort.*

| | |
|---|---|
| 1 draw – picture | ______________ – vegetables |
| 2 8 hours – full-time job | 4 hours – ______________ |
| 3 winter – Christmas | spring – ______________ |
| 4 British English – pavement | American English – ______________ |
| 5 climb – mountain | ______________ – plane |

## 3 Find the right word

*Finde jeweils das Wort, das am besten in die Lücke passt.*

1 industry / desert / valley / image

California's farm ______________________ is important to the USA.

2 ocean / one way / desert / valley

Tarantulas are spiders that live in ______________________ areas.

3 valley / desert / image / center

Lots of technology companies are based in Silicon ______________________.

4 industry / name / image / spirit

His ______________________ at school wasn't very good.

5 climb / mountain / hiking / holiday

Next summer my family will go ______________________ in the Alpes.

## New words ▸ *p. 58 | VOCABULARY p. 208*

| | |
|---|---|
| 1 Ich **habe** jede Woche **einen Tag frei**. | I ______________________ every week. |
| 2 Wie schnell darf man auf amerikanischen **Fernstraßen** fahren? | How fast are you allowed to drive on American ______________________? |
| 3 Es gibt eine Sturm**warnung** für heute Nacht. | There's a hurricane ______________ for tonight. |
| 4 Ich mag ihn, weil er so **ehrlich** ist. | I like him because he is very ______________. |
| 5 Ich habe es niemandem erzählt, **nicht einmal** meiner Mutter. | I didn't tell anyone, ______________________ my mother. |
| 6 Wir sahen einen **Wal** mit seinem **Kalb**. | We saw a ____________ with its ____________. |
| Zwei **Kälber** sind selten. | Two ______________________ are rare. |
| 7 **Motel** | ______________________ |
| 8 Ich mag diese **altmodischen** Kleider nicht. | I don't like these ______________________ dresses. |
| 9 Die Betten im Hostel **sind aus** Holz. | The hostel beds ______________________ wood. |
| 10 Der Zoo hatte geschlossen, sodass wir nicht **die Möglichkeit hatten**, die Tiere zu sehen. | The zoo was closed so that we didn't ______________________ see the animals. |
| 11 Surfer lieben **Wellen**. | Surfers love ______________________. |
| 12 Ich will dich nicht **enttäuschen**. | I don't want to ______________________ you. |

## New words ▸ *p. 59 | VOCABULARY pp. 208–209*

| | |
|---|---|
| 1 **Riese** | ______________________ |
| 2 Wo **bewahrst** du deine Fotos auf? | Where do you __________ your photos? |
| 3 Ich kann **wegen** des Schnees nicht kommen. | I can't come __________ the snow. |
| 4 Hast du dir die Zähne mit **Zahnpasta** geputzt? | Have you cleaned your teeth with ______________________? |
| 5 Wo kann ich den **Müll** hintun? | Where can I put the __________? |
| 6 **Erdbeeren** spielen eine wichtige Rolle in der kalifornischen **Landwirtschaft**. | __________ play an important role in California's __________. |
| 7 Im Sommer haben wir 8 Stunden **Sonnenschein.** | We get 8 hours of __________ in summer. |
| 8 Wir verbrachten zwei Nächte auf einem **Campingplatz** im Yosemite Park. | We spent two nights at a __________ in Yosemite Park. |

## 4 Crossword puzzle

*Trage die Wörter in das Rätselgitter ein.*

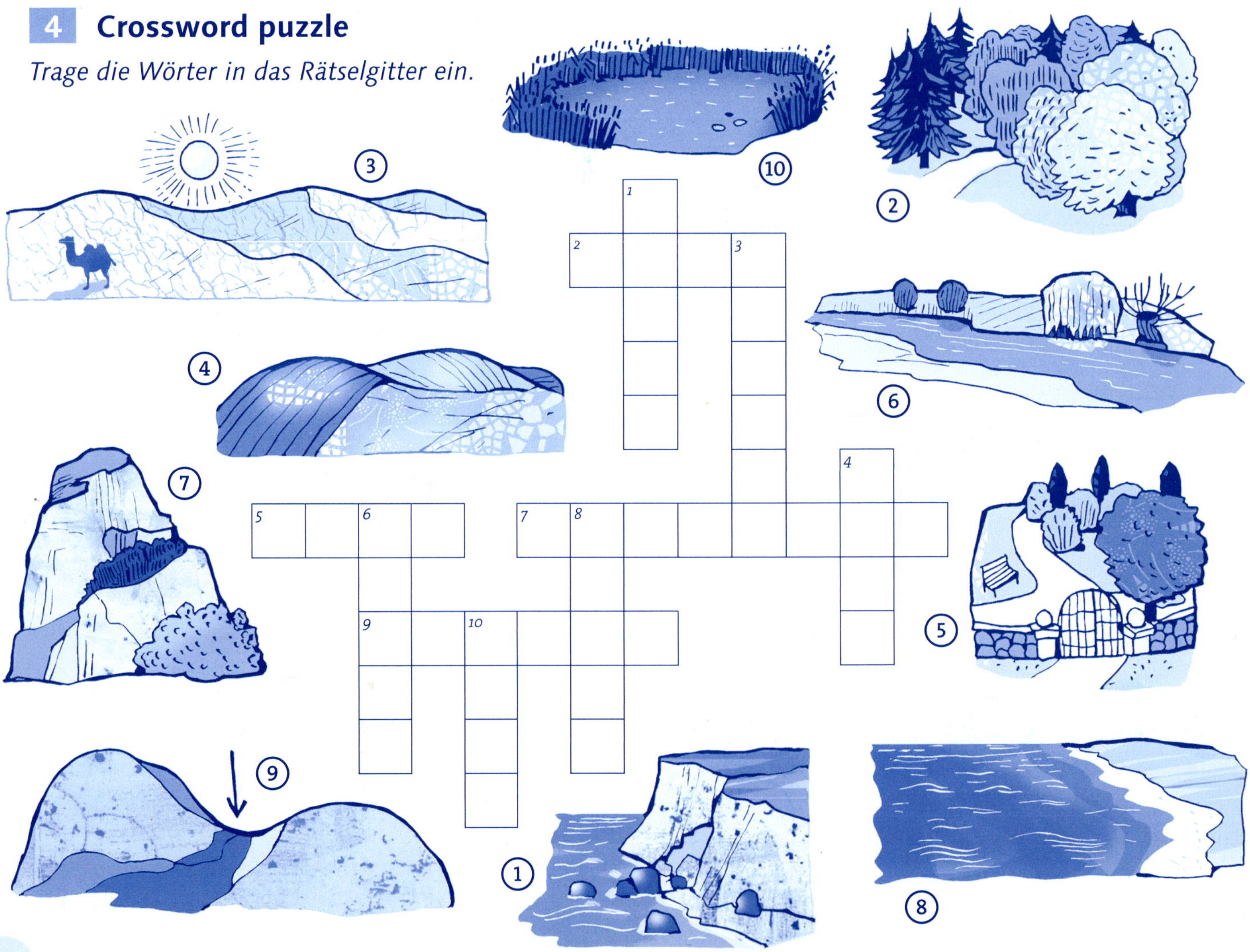

## New words ▸ *pp. 60–62 | VOCABULARY p. 209*

| | |
|---|---|
| 1 Sie arbeitet als **Journalistin** bei der New York Times. | She works as a ______________ for the New York Times. |
| 2 **Elektrowagen** sind sehr leise und stinken nicht. | ______________ are quiet and don't smell. |
| 3 Unsere **Reiseleiter** sprechen Deutsch. | Our ______________ speak German. |
| 4 Unser neuer Fernseher hat einen riesigen **Bildschirm**. | Our new TV has a huge ______________. |
| 5 **Passiv** | ______________ |
| 6 Gold und Silber sind **Metalle**. | Gold and silver are ______________. |
| 7 Reis wird **auf der ganzen Welt** gegessen. | Rice is eaten ______________. |
| 8 **Schlagzeilen** müssen kurz sein. | ______________ have to be short. |
| 9 Der Ball **traf** ihn am Kopf. | The ball ______________ his head. |
| 10 Plötzlich **entdeckten** wir einige Seelöwen am Strand. | Suddenly we ______________ some sea lions on the beach. |

## 5 What are the words?

*Trage die Wörter in das Kammrätsel ein.*
*Das Lösungswort verrät dir, wo diese Tiere leben.*

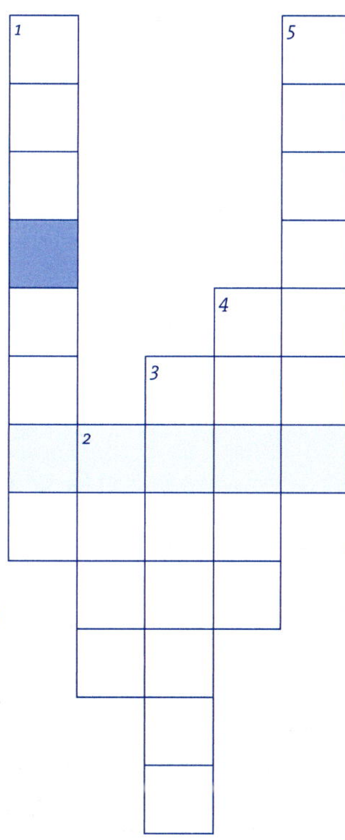


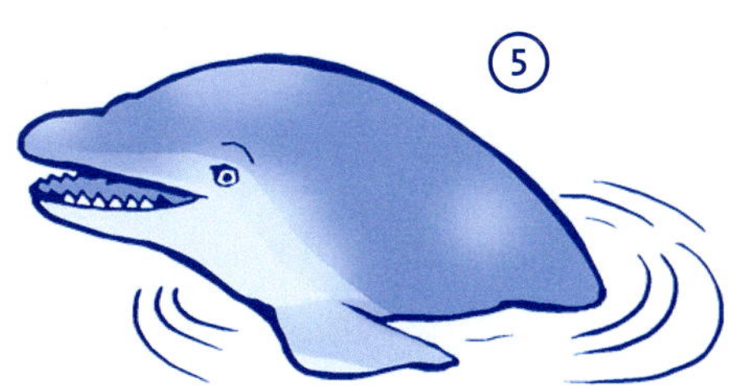


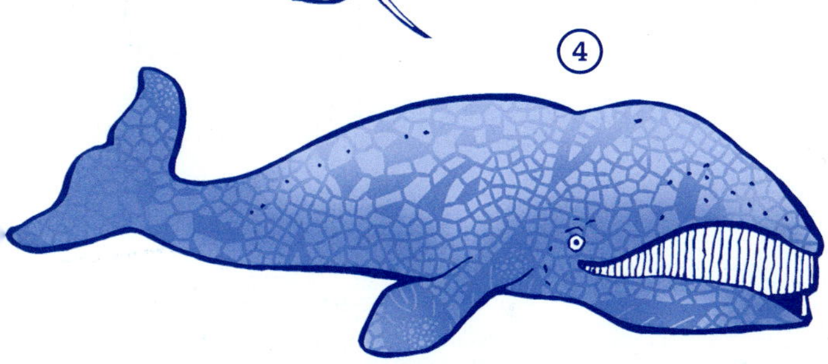

Lösungswort: ______________

## New words ▸ *pp. 63–64 | VOCABULARY pp. 209–210*

| | |
|---|---|
| 1 Drei Jungen kamen **auf** uns **zu**. | Three boys came ______ us. |
| 2 Sie **nickten** uns **zu**. | They ______ us. |
| 3 Mein **Fuß** tut weh. – Und ich habe kalte **Füße**. | My ______ hurts. – And my ______ are cold. |
| 4 Du siehst sehr **dünn** aus. Warst du krank? | You're looking very ______. Have you been ill? |
| 5 Meine **Haut** wird im Sommer sehr dunkel. | My ______ gets very dark in summer. |
| 6 Ich **bin** in New York **aufgewachsen**. | I ______ in New York. |
| 7 Wir sind alle Amerikaner **außer** Tom, der Brite ist. | We're all Americans ______ Tom who's British. |
| 8 Meine Schwester **bringt** mich oft **zum Lachen**. | My sister often ______ me ______. |
| 9 Was für ein **hübsches** Kleid! | What a ______ dress! |
| 10 Der Hund **rannte hinter** mir **her**. | The dog ______ me. |
| 11 Leg dich auf den **Bauch**. | Lie on your ______. |
| 12 Sollen wir zu den Jungen **hinübergehen**? | Shall we ______ the boys? |
| 13 Manchmal bist du so ein **Dummkopf**! | You're such a ______ sometimes! |
| 14 Tim hat einen festen **Händedruck**. | Tim has a firm ______. |
| 15 Es gab eine **unsichtbare** Verbindung zwischen ihnen. | There was an ______ connection between them. |
| 16 Sie streckte ihm die **Zunge** raus. | She stuck her ______ out at him. |
| 17 Sam **verschwand** vor ein paar Jahren. Niemand weiß, wo er ist. | Sam ______ some years ago. Nobody knows where he is. |

## 6 Word partners

*Verbinde die richtigen Partner, schreibe sie in die Liste und ergänze die deutsche Übersetzung.*

| | | | |
|---|---|---|---|
| 1 side | fashioned | __________ | __________ |
| 2 high | paste | __________ | __________ |
| 3 old- | berry | __________ | __________ |
| 4 tooth | culture | __________ | __________ |
| 5 straw | shine | __________ | __________ |
| 6 agri | walk | __________ | __________ |
| 7 sun | line | __________ | __________ |
| 8 camp | way | __________ | __________ |
| 9 head | shake | __________ | __________ |
| 10 hand | ground | __________ | __________ |

## 7 One English word, five German words

*Übersetze* keep *in den folgenden Sätzen.*

1 We keep chickens in our garden. __________

2 You can keep the book if you like. __________

3 You must keep your passport in a safe place! __________

4 Please keep your dog away from the table. __________

5 Can you keep a secret? __________

## New words ► *p. 65 | VOCABULARY p. 210*

| | |
|---|---|
| 1 Ich kann kein **Blut** sehen! | I can't stand the sight of __________ ! |
| 2 **Eines Tages** werde ich berühmt sein. | __________ I'll be famous. |
| 3 Ich zeige dir mal, wo ich **früher immer gespielt habe**. | I'll show you where I __________ __________ . |
| 4 Du siehst blass aus. Geht es dir **gut**? | You're looking pale. Are you __________ ? |
| 5 Um 10 gehen wir ins Museum. Und was machen wir **danach**? | We're going to the museum at 10. What are we going to do __________ ? |

## New words ▸ *pp. 66–67 | VOCABULARY pp. 210–211*

| | |
|---|---|
| 1 Bitte sag mir die **Wahrheit**. | Please tell me the ______________________. |
| 2 Sie läuft 50 Meter in 6 **Sekunden**. | She can run 50 metres in 6 ______________. |
| 3 **Ich wünschte**, du wärst hier. | ______________________ you were here. |
| 4 Zwei Rosen bitte – **eine** gelbe und **eine** rote. | Two roses, please – a yellow ______________ and a red ______________. |
| 5 Ich brauche **Stille**, um arbeiten zu können. | I need ______________ to be able to work. |
| 6 Sie mussten ihn gehen **lassen**. | They had to ______________ him go. |
| 7 Kreuzwort**rätsel** | Crossword ______________________ |
| 8 Manche Kinder **haben Angst vor** Hunden. | Some children ______________ dogs. |
| 9 Was bedeutet das Wort in **Zeile** 12? | What does the word in ______________ 12 mean? |
| 10 Der Plan hat viele Vorteile, aber es gibt auch ein paar **Nachteile**. | The plan has lots of advantages, but there are also a few ______________________. |

## 8 Word search

*Suche neue weitere Verben im simple past und schreibe sie in die mittlere Spalte. Ergänze dann links den Infinitiv und rechts das past participle. Du musst in fünf Richtungen suchen: ↓ → ↙ ↑ ←.*

| | | | | | | |
|---|---|---|---|---|---|---|
| C | O | K | E | P | T | K |
| H | H | U | N | G | F | O |
| O | M | L | Y | O | A | O |
| S | P | B | U | I | L | T |
| E | F | G | R | E | W | B |
| X | H | I | T | L | E | T |
| T | E | K | O | R | B | C |

| | Infinitive | Simple past | Past participle |
|---|---|---|---|
| 1 | | kept | |
| 2 | | | |
| 3 | | | |
| 4 | | | |
| 5 | | | |
| 6 | | | |
| 7 | | | |
| 8 | | | |
| 9 | | | |
| 10 | | | |

## New words ▸ *pp. 68–71 | VOCABULARY pp. 211–212*

| | | |
|---|---|---|
| 1 | Ich muss nicht jedes **Detail** wissen – die Hauptfakten genügen. | I needn't know every ______ – the main facts are enough. |
| 2 | Die **Zuwanderung** nach Europa nimmt zu. | ______ into Europe is growing. |
| 3 | Stellt die Information in einem **Diagramm** dar. | Organize the information in a ______. |
| 4 | Amerika wird oft als **Nation** von Immigranten bezeichnet. | America is often called a ______ of immigrants. |
| 5 | Er war **einmal** berühmt, aber heute kennt ihn niemand mehr. | He was famous ______, but today nobody knows him. |
| 6 | Ich komme mit, **es sei denn**, du willst alleine gehen. | I'm coming with you ______ you want to go on your own. |
| 7 | Könnt ihr nicht **irgendwo** anders singen? | Can't you sing ______ else? |
| 8 | Hier ist die **offizielle** Bestätigung, dass eine neue Schule gebaut wird. | Here's the ______ confirmation that a new school will be built. |
| 9 | Deutschland hat eine demokratische **Regierung**. | Germany has a democratic ______. |
| 10 | Mehr Informationen finden Sie auf unserer **Website**. | You'll find more information on our ______. |
| 11 | Wir sind ein **kommerzielles** Unternehmen. | We're a ______ business. |
| 12 | Wir brauchen viele **Freiwillige**. | We need lots of ______. |
| 13 | Wie lautet deine **korrekte** Anschrift? | What's your ______ address? |
| 14 | Der Radfahrer hat so plötzlich seine **Richtung** geändert, dass wir zusammengestoßen sind. | The cyclist changed ______ so suddenly that we bumped into each other. |
| 15 | Oma guckt gerne **Romanzen** im Fernsehen. | Gran loves watching ______ on TV. |
| 16 | Bitte füllt den **Fragebogen** aus. | Please fill in the ______. |
| 17 | Was ist dein **absoluter** Lieblingsfilm? | What's your ______ favourite film? |
| 18 | **Zweig** | ______ |
| 19 | Möchtest du ein paar **Kekse**? | Would you like some ______? |

## 9 One English word, four German words

*Übersetze die folgenden Sätze. Beachte die unterschiedliche Bedeutung von* hit.

1 Mum, I didn't do anything, but Tom hit me! ________________

2 The stone hit me in the face. ________________

3 Dad couldn't stop and our car hit the car in ________________
front of us. ________________

4 A storm hit the south coast last week. ________________

5 You shouldn't hit your dog. ________________

## 10 What's the word: *one* ore *ones*?

*Setze* one *oder* ones *in die Sätze ein.*

1 I have three brothers – an older ________ and two younger ________.

2 I've lost my phone. – You can borrow my old ________ if you like.

3 I'd like to try the T-shirt on. – Which ________? The green ________ or the blue ________?

4 Can I borrow your boots, please? – Which ________? The brown ________ or the black ________?

5 Free magazines! – Can I have ________, please?

6 Do you remember the film I told you about? – Which ________? – The ________ starring Brad Pitt.

## 11 Word building: opposites

*Verbinde die Wörter mit der passenden Vorsilbe um Gegensätze zu bilden. Schreibe die Wörter in die richtige Spalte und übersetze sie.*

| in- | dis- | un- |
|---|---|---|
| | | |
| | | |
| | | |
| | | |
| | | |

## 12 Word families

*Ergänze die passenden Nomen zu den angegebenen Verben.*

| | Verb | Noun |
|---|---|---|
| 1 | name | |
| 2 | guide | |
| 3 | warn | |
| 4 | disappoint | |
| 5 | order | |
| 6 | dress | |

*Ergänze die passenden Adjektive zu den angegebenen Nomen.*

| | Adjective | Noun |
|---|---|---|
| 1 | | electricity |
| 2 | | truth |
| 3 | | independence |
| 4 | | silence |

## 13 Word friends

*In jedem Leuchtturm gibt es drei Wörter bzw. Wortverbindungen, die man direkt nach dem Verb in der Kuppel verwenden kann. Eines passt jeweils nicht. Streiche es durch.*

## 14 Crossword

*Hier kannst du testen, wie gut du die Vokabeln von Unit 1 bis 3 behalten hast.*

1 Küste
2 (etw.) in Ordnung bringen
3 Insel
4 Eintritt, Eintrittspreis
5 Wolkenkratzer
6 klasse, stark, großartig
7 Nase
8 Zunge
9 werden, wachsen
10 Schlagzeile
11 gebaut
12 unglaublich
13 Vertrag
14 Magen, Bauch
15 Blick, Aussicht
16 beängstigend, einschüchternd
17 Leinwand; Bildschirm
18 Freiwillige(r), Ehrenamtliche(r)
19 erhältlich, verfügbar, frei
20 Stimmung, Laune
21 peinlich
22 Ratgeber, Einführung
23 vielleicht
24 ehrlich
25 einst, einmal
26 wechseln
27 Verabredung
28 (Erholungs-)Pause
29 Größe
30 Wohnung
31 Stufe
32 Spind, Schließfach

# Stories from the Deep South

Unit 4

## New words ▸ pp. 78–79 | VOCABULARY p. 212

| | |
|---|---|
| 1 Der Rhein **fließt** in die Nordsee. | The Rhine ______________ into the North Sea. |
| 2 Die Beatles **sind** in der ganzen Welt **bekannt**. | The Beatles ______________ all over the world. |
| 3 Jedes Jahr sehen sich Tausende Menschen den **Karneval-Umzug** in Köln an. | Thousands of people watch the ______________ ______________ in Cologne every year. |
| 4 Die Irving-Brüder gehören zu den weltweit reichsten **Grundbesitzern**. | The Irving brothers belong to the richest ______________ worldwide. |
| 5 Seine Eltern **zwingen** ihn immer, seine Hausaufgaben **zu machen**. | His parents always ______________ him ______________ his homework. |
| 6 Ich mag **Baumwoll**kleidung. | I like clothes made from ______________. |
| 7 In manchen amerikanischen **Sümpfen** leben Alligatoren. | There are alligators in some of the American ______________. |
| 8 Manche Menschen leben in **extremer** Armut und ohne **Bürgerrechte**. | Some people live in ______________ poverty and without ______________. |

## 1 Definitions

*Welche Wörter werden hier gesucht?*

1 A time when people in funny costumes come together in the streets to dance and sing: ______________

2 A group of people walking together on a special day: ______________

3 Someone who owns land: ______________

4 A plant with soft white material around the seeds that we use to make clothes: ______________

5 Wet soft land: ______________

6 The rights that every person in a state has: ______________

7 Something water does: ______________

8 very strong; not usual: ______________

## New words ▸ *p. 80 | VOCABULARY pp. 212–213*

| | |
|---|---|
| 1 Brauchst du Zucker, oder ist der Tee **süß** genug? | Do you need sugar, or is your tea ________ enough? |
| 2 Im Winter ist es hier sehr **trist**. | It gets very ________ here in winter. |
| 3 Meine Schwester ist so **neugierig**. Sie will alles wissen. | My sister is so ________. She wants to know everything. |
| 4 Häuser im **Stadtzentrum** sind sehr teuer. | Houses ________ are very expensive. |
| 5 Wir sollten aufhören, Wale zu **jagen**. | We should stop ________ing whales. |
| 6 Bei gutem Wetter grillen wir im **Garten**. | When the weather is good, we have barbecues in our ________. |
| 7 Wir sind eine aktive **Gemeinde**. | We're an active ________. |
| 8 Wie **bewegst** du dich normalerweise **fort**? | How do you usually ________? |
| 9 Auf dem Dorf braucht man einen **fahrbaren Untersatz**. | You need ________ when you live in a village. |
| 10 Opa liebt seinen alten **Lastwagen**. | Grandad loves his old ________. |
| 11 **Fahrprüfung** | ________ |

## 2 American English – British English

*Zu den deutschen Wörtern in der Schlange kennst du sowohl ein Wort aus dem amerikanischen Englisch als auch ein Wort aus dem britischen Englisch. Schreibe sie auf.*

| | AE | BE |
|---|---|---|
| 1 | | |
| 2 | | |
| 3 | | |
| 4 | | |
| 5 | | |
| 6 | | |

## New words ► p. 82 | VOCABULARY p. 213

| | |
|---|---|
| 1 Heutzutage bevorzugen **Indianer**, „Native Americans“ genannt zu werden. | Today ______________ prefer to be called “Native Americans”. |
| 2 Neufundland ist ein riesiges **Gebiet**. | Newfoundland is a huge ______________. |
| 3 Indianer lebten in unterschiedlichen **Stämmen**. | Native Americans lived in different ______________. |
| 4 Lass uns den **Weg** zum Bergsee nehmen. | Let’s take the ______________ up to the mountain lake. |
| 5 Keine **Tränen**, bitte! | No ______________, please! |
| 6 Toms dritte **Frau** ist Amerikanerin. Seine ersten beiden **Frauen** waren Deutsche. | Tom’s third ______________ is American. His first two ______________ were German. |
| 7 Mona lernte ihren **Mann** auf einer **Reise** nach New York kennen. | Mona met her ______________ on a ______________ to New York. |

## 3 Find the right words

*Verbinde jedes Wort mit einem Wort, das sich mit ihm reimt. Zwei der Wörter passen nicht. Streiche sie durch.*

flow pull sweet line nine

machine grow seagull dull full

how meat luck truck

## 4 Plurals

*Ergänze die Pluralformen.*

| | Singular | Plural |
|---|---|---|
| 1 | wife | |
| 2 | buffalo | |
| 3 | library | |
| 4 | chance | |

| | Singular | Plural |
|---|---|---|
| 5 | disability | |
| 6 | tooth | |
| 7 | calf | |
| 8 | foot | |

## New words ▸ *p. 83 | VOCABULARY p. 213*

| | |
|---|---|
| 1 Die Polizei **hat** mich **zu einer Geldstrafe verurteilt**, weil ich zu schnell gefahren bin. | The police ______________________ me because I'd driven too fast. |
| 2 Amerikanische Schüler tragen eine **Robe** auf ihrer **Abschlussfeier**. | American students wear a ______________ at ______________________. |
| 3 Ich habe eine **Feder** im Wald gefunden. Ich glaube, sie ist von einem **Adler**. | I found a ______________ in the forest. I think it's from an ______________. |
| 4 Ich bin **Mitglied** im Tennisverein. | I'm a ______________ of the tennis club. |
| 5 **Allerdings** habe ich im Moment keine Zeit zu spielen. | ______________________, I have no time to play at the moment. |
| 6 Meine Schwester lebt in **Süd**kalifornien. | My sister lives in ______________ California. |

## 5 Do you remember?

*Ergänze den Text mit den richtigen Verwandtschaftsbezeichnungen.*

aunt – brother – brothers – cousins – daughter – grandchildren – grandfather – grandmother – husband – sister – sisters – son – uncle – wife

Last month my family celebrated my ______________________ John's 50th birthday. John is my mother's older ______________________. He has a twin ______________________, Joanna, who lives in the United States. So she couldn't come. But her ______________________ Jonathan and her ______________________ Jane came over and stayed with us. I don't often see my two ______________________, but I like them a lot. They are a bit older than me, but we like the same music and films. I don't have any ______________________ or ______________________ – I'm an only child. Mum's parents – my ______________________ Jack and my ______________________, Jill who are both over 80 – live with us. They looked after me when I was little, and now we look after them. They enjoyed the birthday party and were happy to see their other ______________________, Jane and Jonathan. But they were sad that my ______________________ Joanna couldn't come over to celebrate her 50th birthday with us. Our neighbours helped us prepare the party. Mrs Smith baked some cakes, and her ______________________, Mr Smith, bought the drinks with my dad. Mr Smith and his ______________________ have been married for 40 years.

## 6 Find the right words

*Alle hier gesuchten Wörter beginnen mit einem „t". Schreibe sie ins Rätselgitter.*

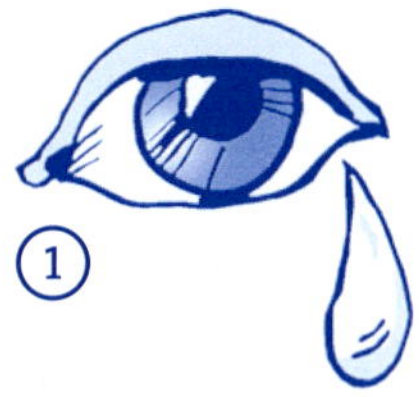

(1)

2 noun for "true"
3 group of people with the same language and traditions
4 land that belongs to one person or a group of people
6 another word for „track"
7 What you have to do to get a driving licence

(5)

## New words ▸ *pp. 84–86 | VOCABULARY p. 214*

| | |
|---|---|
| 1 Ich **boykottiere** diesen Laden, weil er viel zu teuer ist. | I ____________ this shop because it's far too expensive. |
| 2 Selbst im 20. Jahrhundert gab es in Amerika noch eine **Trennung** zwischen Schwarzen und Weißen. | ____________ between blacks and whites still existed in 20th-century America. |
| 3 Nur Weiße durften **im vorderen Teil** des Busses sitzen. | Only whites were allowed to sit ____________ of a bus. |
| 4 Es verstößt gegen das **Gesetz**, Kinder zu schlagen. | It's against the ____________ to hit children. |
| 5 Wir müssen **uns entscheiden**, ob wir das Haus kaufen wollen. | We have to ____________ if we want to buy the house. |
| 6 Viele Menschen **protestieren** gegen die Schließung der **Firma**. | Lots of people ____________ against the closing down of the ____________. |
| 7 Sie schloss sich der Bürgerrechts**bewegung** an. | She joined the Civil Rights ____________. |
| 8 Ich **maile** dir meine Telefonnummer. | I'll ____________ you my phone number. |

## 7 Last letter – first letter

*Der letzte Buchstabe jedes Wortes ist gleichzeitig der erste Buchstabe des nächsten Wortes.*

1 fließen
2 bewässern
3 empfehlen
4 debattieren, diskutieren
5 jn. anmailen
6 lassen
7 trauen, vertrauen
8 unterrichten, lehren
9 hängen
10 anbauen, anpflanzen
11 schreiben

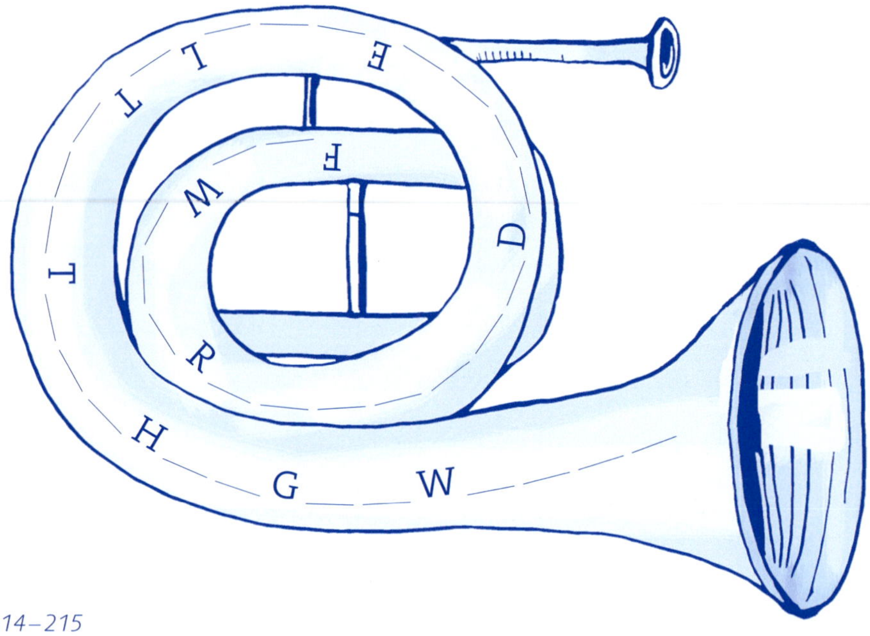


## New words ▸ *p. 87 | VOCABULARY pp. 214–215*

| | |
|---|---|
| 1 Ich gebe ca. 30 **Prozent** meines Taschengeldes für Süßigkeiten aus. | I spend about 30 ____________ of my pocket money on sweets. |
| 2 Regen **hat** die Straße **überflutet**. | Rain ____________ the street. |
| 3 Die Polizei **forderte** uns **auf**, unser Haus **nicht zu verlassen**. | The police ____________ us ____________ our house. |
| 4 Manche Leute versuchten zu **fliehen**. | Some people tried to ____________. |
| 5 Sie ist Journalistin und **berichtet über** Naturkatastrophen. | She's a journalist and ____________ natural disasters. |
| 6 Ich habe eine **tote** Maus auf dem **Dachboden** gefunden. | I found a ____________ mouse in the ____________. |
| 7 Ich habe die **Hoffnung** noch nicht aufgegeben, eine schöne Wohnung zu finden. | I haven't given up ____________ yet of finding a nice apartment. |
| 8 Wir waren erst in Köln. Dann sind wir nach Bonn **weiter**gefahren. | We were in Cologne first. Then we drove ____________ to Bonn. |
| 9 **Benzin** *(AE)*; **Benzin** *(BE)* | ____________; ____________ |
| 10 Ich schreibe morgen eine Englischarbeit. – **Viel Glück**. | I'm taking an English test tomorrow. – ____________. |
| 11 Hast du **schon** Hausaufgaben gemacht? | Have you done your homework ____________? |

## New words ▸ *pp. 88–89 | VOCABULARY p. 215*

| | |
|---|---|
| 1 Hier gibt es nur **schicke** Restaurants. Die sind mir zu teuer. | There are only ________ restaurants. They're too expensive for me. |
| 2 Setz dich zu mir auf die **Veranda**. | Come and sit with me on the ________. |
| 3 Hier standen mal viele Bäume. Jetzt **sind** sie alle **weg**. | There used to be lots of trees here. Now they ________ all ________. |
| 4 Wer ist für dieses **Chaos** verantwortlich? | Who's responsible for this ________? |
| 5 Du **erinnerst** mich **an** meinen Englischlehrer. | You ________ me ________ my English teacher. |
| 6 Was ist das für ein komischer **Geruch** hier? | What's that strange ________? |
| 7 Das Licht ging aus und wir saßen in völliger **Dunkelheit**. | The light went out and we sat in complete ________. |
| 8 Opa war **Soldat** im 2. Weltkrieg. | Grandad was a ________ in World War II. |
| 9 Zigaretten **stinken**. | Cigarettes ________. |
| 10 Stell die Milch bitte in den **Kühlschrank**. | Please put the milk in the ________. |
| 11 Du **fährst** an zwei Kirchen **vorbei**, bevor du zum Park kommst. | You ________ two churches before you get to the park. |
| 12 Ich arbeite ehrenamtlich für die Tier**rettung**. | I volunteer for animal ________. |
| 13 So haben Jim und ich **uns kennengelernt**. | That's how Jim and I ________. |

## 8 Word ladder

*Gehe von oben nach unten und verändere bei jedem Wort nur einen Buchstaben.*

1 We went on a ___ in the mountains.
2 What kind of films do you ___?
3 British English queue – American English ___.
4 You will have to pay a ___ if you're caught without a ticket.
5 Where are my shoes? I can't ___ them.
6 Thank you, that's very ___ of you.
7 George might one day be ___ of England.
8 I love music, but I can't ___.

## New words ▸ *pp. 90–91 | VOCABULARY pp. 215–216*

| | |
|---|---|
| 1 Es ist etwas kompliziert, aber wir werden es **herausfinden**. | It's a bit complicated, but we'll ______ it ______. |
| 2 Herr Bach ist ein **gut aussehender** Mann. | Mr Bach is a ______ man. |
| 3 Magst du **romantische** Filme? | Do you like ______ films? |
| 4 Ich lese gerne ein paar **Rezensionen**, bevor ich mir einen Film anschaue. | I like reading a few ______ before I go and watch a film. |
| 5 Danke für das **hervorragende** Essen! | Thank you for the ______ meal! |
| 6 Bitte **informieren** Sie die Schule, wenn Ihr Kind krank ist. | Please ______ the school when your child is ill. |
| 7 Wenn wir im Urlaub sind, **gießt** unser Nachbar unsere **Pflanzen**. | When we're on holiday, our neighbour ______ our ______. |
| 8 Kann ich dich zurückrufen? Ich muss jetzt **mit dem Hund rausgehen**. | Can I call you back? I have to ______ ______ now. |
| 9 Ich mag das **Muster** deines Pullis. | I like the ______ of your sweater. |
| 10 Tom ist ein **liebenswürdiger** und **hilfsbereiter** Junge. | Tom is a ______ and ______ boy. |
| 11 30 lebhafte Kinder zu unterrichten kann manchmal ziemlich **anstrengend** sein. | Teaching 30 lively students can sometimes be quite ______. |
| 12 Könntest du auch **leichte** Hausarbeit machen? | Could you do some ______ housework too? |

## 9 Word snail

*Übersetze die Wörter ins Englische. Trage die englischen Wörter in die Wortschnecke ein. Die Anfangsbuchstaben in der Schnecke helfen dir. Das Lösungswort findest du in den grauen Feldern.*

Lösungswort: ____________________

## 10 Word families

*Ergänze die fehlenden Wörter. Achte auf die Wortart.*

| | Verb | Nomen |
|---|---|---|
| 1 | water | |
| 2 | smell | |
| 3 | move | |
| 4 | volunteer | |
| 5 | | flood |
| 6 | | hope |
| 7 | | decision |
| 8 | fine | |

| | Adjektiv | Nomen |
|---|---|---|
| 1 | | sweet |
| 2 | dark | |
| 3 | | romance |
| 4 | messy | |
| 5 | | electricity |
| 6 | foolish | |
| 7 | silent | |
| 8 | traditional | |

*Setze nun jeweils ein passendes Wort aus den Tabellen in die Sätze ein. Achte auf die korrekte Form.*

1 Wikipedia entries are written by ____________________, so you have to check the information.

2 Our neighbour ____________________ our plants when we go on holiday.

3 It's too ____________________. I can't read the street sign.

## New words ▸ *pp. 92–93 | VOCABULARY p. 216*

| | |
|---|---|
| 1 Bitte **fasst** den Text **zusammen**. | Please ______ the text. |
| 2 **Laut** Julia ist das Buch sehr interessant. | ______ Julia, it's a very interesting book. |
| 3 Neue **Statistiken** zeigen, dass viele europäische Jugendliche keine Arbeit haben. | New ______ show that lots of young Europeans don't have a job. |
| 4 Ich hatte nicht viele **Wahlmöglichkeiten**, aber wenigstens werde ich **gut bezahlt**. | I didn't have many ______, but at least I'm ______. |
| 5 Die Arbeit ist manchmal sehr **chaotisch**. | Work is sometimes very ______. |
| 6 Vorsicht, an diesem Strand gibt es keinen **Bademeister**. | Careful, there's no ______ at this beach. |
| 7 Babysitter müssen sehr **geduldig** sein. | Babysitters have to be very ______. |
| 8 Wenn du nicht weißt, was ein Wort bedeutet, **schlag** es im Wörterbuch **nach**. | If you don't know the meaning of a word, ______ it ______ in a dictionary. |
| 9 Das ist deine **Version** der Geschichte. Meine ist anders. | That's your ______ of the story. Mine is different. |
| 10 Zeig Interesse an dem Thema, **indem** du viele Fragen **stellst**. | Show that you're interested in the topic ______ ______ lots of questions. |
| 11 Du wirst vieles **bei der Arbeit** lernen. | You'll learn a lot of things ______. |

## 11 Word partners

*Verbinde die richtigen Partner, schreibe sie in die Liste und übersetze sie ins Deutsche.*

| | | | |
|---|---|---|---|
| 1 like | ful | ______ | ______ |
| 2 help | ness | ______ | ______ |
| 3 stress | ment | ______ | ______ |
| 4 dark | ful | ______ | ______ |
| 5 move | cott | ______ | ______ |
| 6 boy | town | ______ | ______ |
| 7 down | able | ______ | ______ |

## 12 Crossword

*Hier kannst du testen, wie gut du die Vokabeln von Unit 4 behalten hast.*

1 a group of people who live in the same area
2 → successfully completing one's studies at an American High School
2 ↓ what students wear at 2 →
3 another word for a long trip
4 the man that a woman is married to
5 get away from someone or something
7 too interested in other people's affairs
9 the separation of people of different race
11 a business organization
12 a person that belongs to a certain group
14 the woman that a man is married to
15 ↓ an animal you keep at your home
16 ◂▸ interesting
18 a space at the top of a house where you can keep things
20 the system of rules in a country
21 ◂▸ northern
22 to kill wild animals in order to eat them
23 make sb. do sth. that he doesn't want to do

# Unit 5 Family secrets

## New words ▸ *pp. 98–99 | VOCABULARY pp. 216–217*

| | |
|---|---|
| 1 Kannst du ein **Geheimnis** für dich behalten? | Can you keep a ____________________? |
| 2 Er ist gefährlich und wird polizeilich **gesucht**. | He is dangerous and ____________________ by the police. |
| 3 **Raub** ist ein ernstes Verbrechen. | ____________________ is a serious crime. |
| 4 Diese **Halskette** ist ein echter **Schatz**. | This ______________ is a real ______________. |
| 5 Bob singt und spielt **Mundharmonika**. | Bob sings and plays the ____________________. |
| 6 Dieses Auto **gehört** mir. | This car ____________________ me. |
| 7 Der Polizist zeigte ihm seine **Dienstmarke**. | The police officer showed him his ____________________. |
| 8 Felix kann sehr schön **zeichnen**. | Felix can ____________________ beautifully. |
| 9 Er hat mir neulich ein paar seiner **Zeichnungen** gezeigt. | He showed me some of his ____________________ the other day. |
| 10 Auf langen Reisen schreibe ich **Tagebuch**. | I keep a ____________________ on long journeys. |

## 1 Definitions

*Setze die gesuchten Wörter senkrecht in das Kammrätsel ein. Wie heißt das Lösungswort in den grauen Feldern? Kannst du es auf Englisch erklären?*

1 being searched for by the police in connection with a crime
2 the crime of stealing money or things
3 a piece of metal or plastic with words or symbols that people wear to show that they belong to a certain group or organization
4 a picture made with a pen or pencil
5 something one should not tell other people
6 another word for "diary"
7 a small musical instrument made of metal
8 a nice chain you wear around your neck

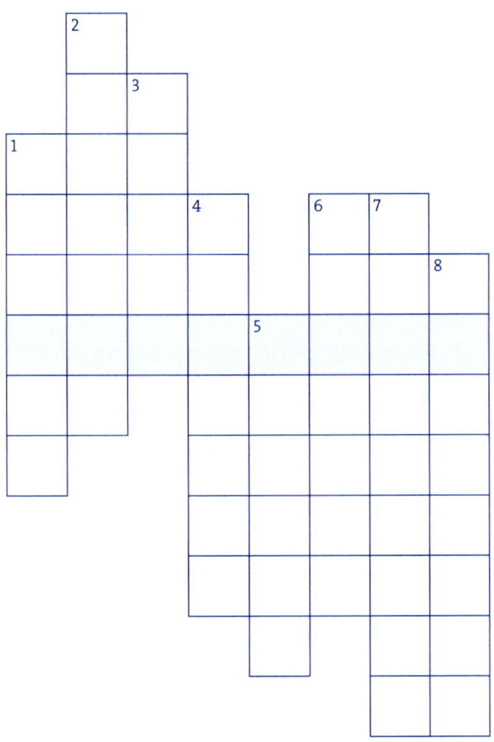


Lösungswort: ______________________________

Definition: ______________________________

______________________________

## New words ▸ *p. 100 | VOCABULARY p. 217*

| | |
|---|---|
| 1 Sie lernten sich auf einer **Seereise** kennen. | They met on a ____________________. |
| 2 Dieser Stuhl ist sehr **unbequem**. | This chair is very ____________________. |
| 3 Wir saßen auf **Deck** und genossen die Sonne. | We sat on the __________ and enjoyed the sun. |
| 4 Ich mag alte **Holz**betten. | I like old ____________________ beds. |
| 5 Nimm deine **stinkenden** Füße von meinem Stuhl. | Take your ____________________ feet off my chair. |
| 6 Das Schiff **schlingerte** stark und viele Leute wurden **seekrank**. | The ship ____________________ a lot and lots of people got ____________________. |
| 7 Während eines **Sturms** ist ein Baum auf unser Haus gefallen. | A tree fell on our house during a __________. |
| 8 Oma backt manchmal Kekse aus **Hafermehl**. | Sometimes Gran makes biscuits from ____________________. |
| 9 **Reis** ist ein wichtiges Nahrungsmittel. | ____________________ is an important food. |
| 10 Ich fühle mich **krank** und muss mich **hinlegen**. | I feel ____________________ and have to ____________________ down. |

## 2 Find the right word

*Kreise jeweils das Wort ein, das am besten in die Lücke passt.*

1 In 1860 the **visit / voyage / vacation** from England to America took over six weeks.

2 Tom asked me not to tell others what he had told me, but I always find it hard to keep a **secret / security / segregation**.

3 People in our area are quite worried about a series of **robberies / romance / ruin** in the last few months.

4 Five young men are **looked at / asked / wanted** in connection with them.

5 We've looked into all these old boxes hoping to find some **necklace / treasures / secret**.

6 Sarah showed me a **drawing / image / journal** she did when she was 12.

## New words ▸ *p. 101 | VOCABULARY pp. 217–218*

| | |
|---|---|
| 1 Wir konnten nicht in den Bus einsteigen, weil er **überfüllt** war. | We couldn't board the bus because it was ______________. |
| 2 Hilf mir, die Tasche **auf** den Schrank zu legen. | Help me put the bag ________ the wardrobe. |
| 3 Unser Haus braucht ein neues **Dach**. Da ist es gut, dass mein Vater **Zimmermann** ist. | Our house needs a new ______________. So it's good that my dad is a ______________. |
| 4 Früher hatten reiche Leute viele **Bedienstete**. | Rich people used to have lots of ______________. |
| 5 Tom war in der **Armee** und wurde in einer **Schlacht** verwundet. | Tom was in the ______________ and was hurt in a ______________. |
| 6 Ich würde gerne **Bäcker** werden und eine eigene **Bäckerei** eröffnen. | I would like to become a ______________ and open my own ______________. |
| 7 **Ich hoffe, es geht dir gut.** | ______________ |
| 8 **PS**: Der Kuchen, den du geschickt hast, war lecker. | ________: The cake you sent was yummy. |

## 3 Word search

*Suche die englischen Wörter im Buchstabenquadrat und schreibe sie neben die deutschen. Du musst in fünf Richtungen suchen: ↓ → ↘ ↑ ←.*

1 Deck ______________
2 Hafermehl ______________
3 hölzern, Holz- ______________
4 krank ______________
5 Reis ______________
6 Schlacht; Kampf ______________
7 schlingern ______________
8 seekrank ______________
9 (See-)Reise ______________
10 stinkend ______________
11 Sturm, Unwetter ______________
12 voller Menschen ______________

| | | | | | | | | |
|---|---|---|---|---|---|---|---|---|
| K | C | I | S | A | E | S | A | B |
| L | S | R | S | T | O | R | M | A |
| A | M | V | O | Y | A | G | E | T |
| E | E | C | E | W | R | F | H | T |
| M | L | W | O | O | D | E | N | L |
| T | L | L | L | O | R | E | Q | E |
| A | Y | L | R | K | C | E | D | S |
| O | R | I | C | E | S | I | C | K |

## New words ▸ *p. 102 | VOCABULARY p. 218*

| | |
|---|---|
| 1 Tom **wurde** ins Bein **geschossen**. | Tom ______ in the leg. |
| 2 Es geht ihm besser, so dass er **guter Dinge** ist. | He's feeling better and so he ______ ______. |
| 3 Die ersten Siedler hatten **Planwagen**. Meist wurden sie von einem **Ochsen** gezogen. Manche Leute hatten auch zwei **Ochsen**. | The first settlers had ______. They were usually drawn by one ______. Some people had two ______. |
| 4 Viele Amerikaner besitzen eine **Schusswaffe**. | Lots of Americans own a ______. |
| 5 Ein Tischler braucht Werkzeuge zur **Holzbearbeitung**. | A carpenter needs ______ ______. |
| 6 Ich habe mein **Gepäck** am Bahnhof gelassen. | I left my ______ at the station. |
| 7 Ich spiele nicht mit **Puppen**. | I don't play with ______. |
| 8 Nimmst du **Milch** in den Tee? | Do you take ______ in your tea? |
| 9 An welcher **Krankheit** ist er gestorben? | What ______ did he die of? |
| 10 Oma besucht oft Opas **Grab**. | Gran often visits Grandad's ______. |
| 11 Wir wohnen **neben** der Eisenbahnlinie. | We live ______ the railway line. |
| 12 **Cholera** ist eine gefährliche Krankheit. | ______ is a dangerous illness. |
| 13 Wir sind **bisher** gesund geblieben. | We've stayed healthy ______. |

## 4 Word friends

*Ordne die Wörter den richtigen Zeichnungen zu.*

army – roof – battle – baker – deck – soldier – oatmeal – carpenter – seasick – bakery – wood – voyage

## New words ▸ *p. 103 | VOCABULARY pp. 218–219*

| | |
|---|---|
| 1 Steaks macht man in einer **Bratpfanne**. | You do steaks in a ______________________. |
| 2 Bitte **kämm** dir die Haare. | Please ______________________ your hair. |
| 3 Ich mag ihn, er ist ein **anständiger** Typ. | I like him; he's a ______________________ guy. |
| 4 Die Show war **wunderbar**. | The show was ______________________. |
| 5 Wenn die Siedler kein Holz hatten, benutzten sie **Dung**, um Feuer zu machen. | When the settlers didn't have wood, they used ______________________ to make fire. |
| 6 Wir haben eine **Wiese** hinter unserem Haus. | There's a ______________________ behind our house. |
| 7 Unsere Nachbarn **verbrennen** oft nasses Holz. | Our neighbours often ______________________ wet wood. |
| 8 Der Gestank ist **ekelhaft**. | The smell is ______________________. |
| 9 Man soll nur **trockenes** Holz verbrennen. | You should only burn ______________________ wood. |
| 10 Indianer trugen **Mokasins**. | Native Americans wore ______________________. |
| 11 Rosie hat **sich** mit einem indianischen Mädchen **angefreundet**. | Rosie ______________________ with an Indian girl. |
| 12 Die **Flecken** auf deinem Körper könnten **Masern** sein. | The ______________________ on your body could be the ______________________. |
| 13 Wanda hat ein eigenes **Pferd**. | Wanda has her own ______________________. |
| 14 Hannah hat gelernt, ein Kaninchen zu **häuten**. | Hannah learnt to ______________________ a rabbit. |
| 15 **Sobald** wir zu Hause sind, bekommst du etwas zu essen. | ______________________ we're at home, you'll get something to eat. |
| 16 Sie benimmt sich so **damenhaft**. | She acts so very ______________________. |
| 17 Sam **überraschte** mich mit einem Geschenk. | Sam ______________________ me with a present. |

## 5 Odd word out

*Streiche das Wort durch, das nicht in die Reihe passt.*

1 baker – bakery – flour – flower
2 shoot – gun – army – doll
3 doll – toy – child – ox
4 illness – cholera – temperature – baggage
5 voyage – grave – journey – trip
6 wonderful – lovely – nice – disgusting

## New words ▸ *pp. 104–105 | VOCABULARY p. 219*

| | |
|---|---|
| 1 ***Flächenmaß** (ca. 4000 $m^2$)* | ______________ |
| 2 Sie lebt auf einer **Ranch** in Texas, die **fast** 3 Millionen Dollar **wert** ist. | She lives on a ______________ in Texas which is ______________ 3 million dollars. |
| 3 Grass Valley war eine **Goldgräberstadt**. | Grass Valley was a ______________. |
| 4 Wir müssen **einen Baum fällen**, bevor wir eine Garage bauen können. | We have to ______________ before we can build a garage. |
| 5 **pflügen** *(BE)*; **pflügen** *(AE)* | ______________ |
| 6 Wir halten **Rinder** und bauen **Mais** an. | We keep ______________ and grow ______________. |
| 7 Meine jüngsten Brüder sind **Zwillinge**. | My youngest brothers are ______________. |
| 8 **Pumas** stellten eine Gefahr für die Siedler dar. | ______________ were a danger for the settlers. |
| 9 **Viehdiebe stahlen** ihnen Kühe. | ______________ cows from them. |
| 10 Tom ist **Hilfssheriff**. | Tom is a ______________. |
| 11 **Banditen** machen die Gegend unsicher. | ______________ are making the area unsafe. |
| 12 Laura ist ein **entzückendes** Baby. | Laura is a ______________ baby. |
| 13 Ich bin auf eine **Hochzeit** eingeladen. | I've been invited to a ______________. |
| 14 Mein **Enkel** heiratet. Meine **Enkelin** organisiert das Fest. | My ______________ is getting married. My ______________ is organizing the party. |

## 6 Opposites

*Finde das Gegenteil.*

1 comfortable ◂▸ ______________

2 be well ◂▸ ______________

3 exciting ◂▸ ______________

4 alive ◂▸ ______________

5 bright ◂▸ ______________

6 light ◂▸ ______________

7 patient ◂▸ ______________

## 7 Word partners

*Verbinde die richtigen Partner, schreibe sie in die Liste und ergänze die deutsche Übersetzung.*

| | | | | |
|---|---|---|---|---|
| 1 | ill | guard | | |
| 2 | wonder | ness | | |
| 3 | lady | meal | | |
| 4 | neck | daughter | | |
| 5 | sea | ful | | |
| 6 | out | law | | |
| 7 | grand | like | | |
| 8 | life | gusting | | |
| 9 | oat | sick | | |
| 10 | dis | lace | | |

## 8 Word web

*Finde die Wörter, die in das Spinnennetz passen.*
*Alle haben sechs Buchstaben und enden auf –t.*

⑤

1 not talking much about oneself
2 another word for "nearly"
3 something that you don't want other people to know
4 give information on something
6 always telling the truth and behaving lawfully
7 Everybody came to the party ??? for Anne who was ill.
8 noun for "fly"
9 If the police ??? someone, the person is taken to the police station.

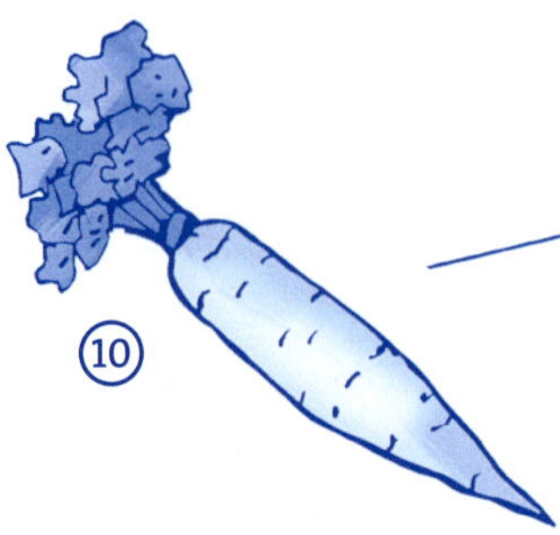

⑩

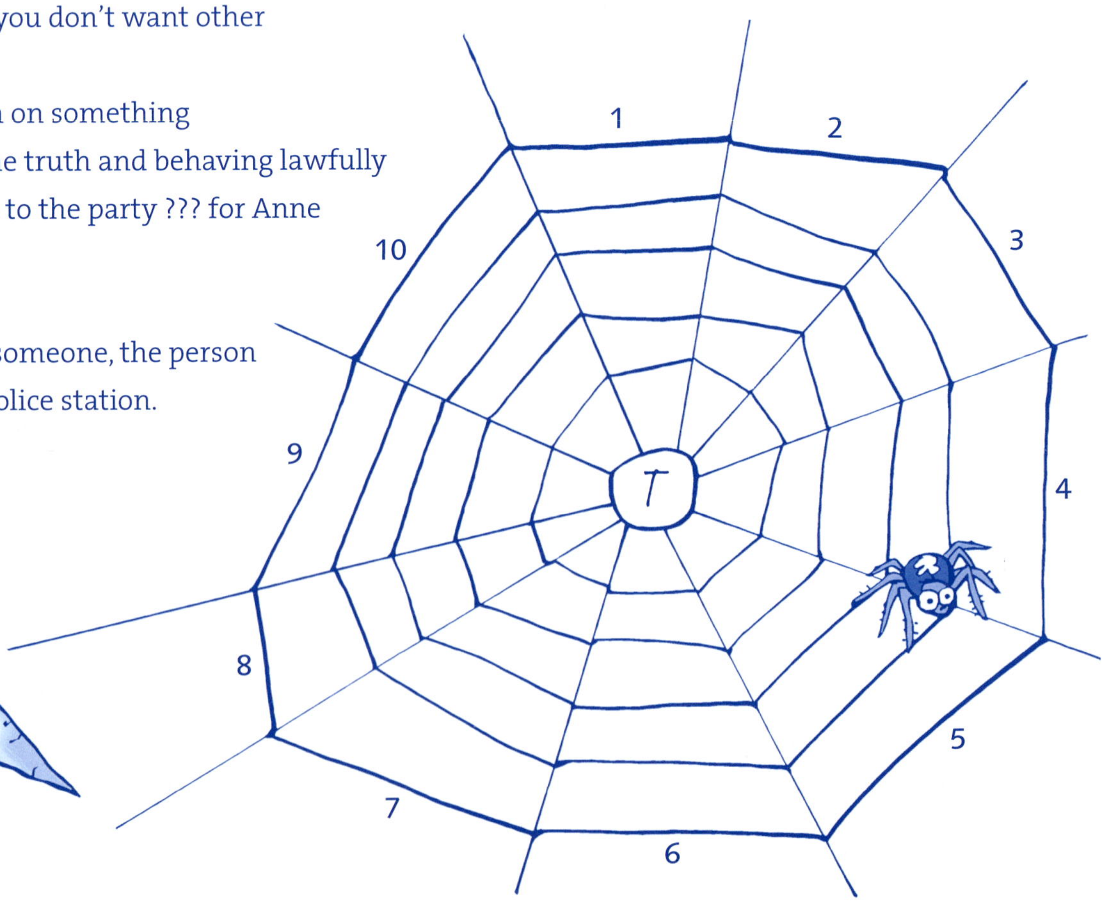

## 9 Numbers and letters

*Zu jeder Zahl gehört ein Buchstabe. Finde zuerst die Lösungswörter. Vervollständige dann den Lösungssatz.*

Dear Julia,

Last week our class went on a trip to a very interesting museum called "Deutsches Auswandererhaus Bremerhaven". It tells the stories of over seven million people who left Germany from this port in the 19th and 20th C E N T U R I E S (1 2 3 4 5 6 7 2 8) to emigrate to the United States. The museum tour starts in a model of the ________ (9 7 8 4 10 6 7 1) waiting hall. From there you get to a model harbour. And then you enter part of an old ship and walk into a _________ (11 10 6 12 7 4 10 6 13) under the ____ (11 2 1 14). It must have been very ______ (8 12 2 15 15 13) and _______ (1 6 10 16 11 2 11) down there, and the ______ (16 10 10 11 2 3) beds looked very _____________ (5 3 1 10 12 17 10 6 4 18 19 15 2). I'm sure that a lot of people got _______ (8 2 18 8 7 1 14) during the long ______ (20 10 13 18 21 2). People weren't able to take a lot of _______ (19 18 21 21 18 21 2) with them, and none of them knew if they were allowed to enter the United States. All the ships stopped at a small ______ (7 8 15 18 3 11) opposite the city of New York. There – on Ellis Island – the __________ (7 12 12 7 21 6 18 3 4 8) had to walk through a long _______ (9 18 15 15 16 18 13) before they reached the Immigration Office where they had to answer lots of questions.

_____ (16 10 5 15 11) ___ (13 10 5) ___ (18 3 11) _ (7) ____ (9 18 20 2) ___ (21 10 4) ____ (7 3 4 10) ___ (4 9 2) ___ (5 8 18)?

## 10 Find the right words

*Verbinde jedes Wort mit einem Wort, das sich mit ihm reimt. Vier der Wörter passen nicht. Streiche sie durch.*

draw shoot sick gun rice law lie run grave love quick nice boot have wet piece save dry

**English G**

**Lighthouse 4 Wordmaster**

*Erarbeitet von:*
Uschi Fleischhauer, Hannover

*In Zusammenarbeit mit der Englischredaktion:*
Klaus Unger (Projektleitung) *und* Courtney Leigh Mc Phail

*Illustrationen:*
Dorina Tessmann, Berlin

*Cover Illustration:*
Dorina Tessmann, Berlin

*Layoutkonzept:*
Klein & Halm Grafikdesign, Berlin

*Umschlaggestaltung:*
Cornelsen Verlag Design unter Verwendung der Entwürfe von Klein & Halm Grafikdesign, Berlin und kleiner & bold, Berlin

*Layout und technische Umsetzung:*
Andrea Päch, Berlin

**www.cornelsen.de**

1. Auflage, 1. Druck 2015

Alle Drucke dieser Auflage sind inhaltlich unverändert und können im Unterricht nebeneinander verwendet werden.



Druck: H. Heenemann, Berlin

ISBN 978-3-06-033685-2

Inhalt gedruckt auf säurefreiem Papier aus nachhaltiger Forstwirtschaft.

ENGLISH G

4

# LIGHTHOUSE

**Wordmaster**
**Lösungen**

Cornelsen

# USA – here we come

### New words pp. 8–11

1 immigrant 2 alligators; alligator 3 buffalo; buffalo/buffaloes 4 nature 5 stars 6 state 7 Native Americans 8 Slaves 9 European 10 settlers 11 fight 12 War; Independence 13 hurricane 14 soccer 15 statue; Statue; Liberty 16 freedom

### 1 Find the right words

| | | | | | | | | |
|---|---|---|---|---|---|---|---|---|
| | 2 B | | | | | | | |
| | U | | 4 R | | | | | |
| | F | | A | 5 S | | 7 T | | 9 B |
| 1 S | F | 3 D | B | E | 6 S | U | | E |
| N | A | O | B | A | H | R | 8 F | A |
| 10 A | L | L | I | G | A | T | O | R |
| K | O | P | T | U | R | L | X | |
| E | | H | | L | K | E | | |
| | | I | | L | | | | |
| | | N | | | | | | |

Lösungswort: 10 *alligator*

### 2 Word families

**Noun – Adjective:** 1 European 2 free 3 independent 4 American

**Noun – Verb:** 1 settle 2 fight 3 arrive 4 work

### 3 Scrambled words

1 immigrants 2 slaves 3 Independence 4 Statue 5 hurricane

# Unit 1: In New York City

### New words pp. 12–13

1 view 2 island 3 skyline 4 sky 5 avenue 6 paradise 7 awesome

### 1 Irregular verbs

| | Infinitive | Simple past | Past participle |
|---|---|---|---|
| 1 | see | saw | seen |
| 2 | fight | fought | fought |
| 3 | find | found | found |
| 4 | go | went | gone |
| 5 | do | did | done |
| 6 | come | came | come |
| 7 | tell | told | told |
| 8 | have | had | had |

### 2 Find the right words

1 skyline 2 view 3 Avenue 4 paradise 5 awesome

### New words p. 14

1 skyscrapers 2 build 3 Terrorists; destroyed 4 steps 5 crowns 6 nose 7 1.6 million / one point six million 8 courts 9 playground 10 ice rink

### 3 British English – American English

| | British English | American English |
|---|---|---|
| 1 | centre | center |
| 2 | metre | meter |
| 3 | colour | color |
| 4 | neighbour | neighbor |
| 5 | theatre | theater |
| 6 | harbour | harbor |

| | British English | American English |
|---|---|---|
| 1 | travelled | traveled |
| 2 | travelling | traveling |

### New words p. 15

1 connects 2 suspension bridge 3 hang 4 cable 5 after 6 facts 7 What else 8 meaning 9 unknown 10 context

## 4 Find the right words

1 crown 2 nose 3 suspension bridge 4 island 5 playground 6 cable 7 tennis court 8 ice rink

### New words pp. 16–17

1 mood 2 come by 3 apartment 4 That's us 5 mom 6 embarrassing 7 fell asleep 8 is, asleep 9 subway 10 Check out 11 diner 12 way 13 title

## 5 Opposites

1 destroy 2 after 3 unknown 4 fall asleep

## 6 Odd word out

1 hurricane: people 2 terrorist: things in a city 3 theatre: American English spelling

### New words pp. 18–20

1 chance 2 choose; menu 3 recommend 4 order 5 order 6 extra 7 take 8 homeless 9 guide 10 rest 11 spelling 12 experienced 13 cruise

## 7 Lost words

1 on 2 by 3 out 4 to 5 at

## 8 Word snake

| | Infinitive | Simple past | Past participle |
|---|---|---|---|
| 1 | fight | fought | fought |
| 2 | build | built | built |
| 3 | hang | hung | hung |
| 4 | choose | chose | chosen |
| 5 | take | took | taken |
| 6 | win | won | won |
| 7 | come | came | come |

### New words p. 21

1 introduction 2 crime; violence 3 suspicious; innocent 4 author 5 trapped 6 friendship 7 original 8 practise/practice 9 practice 10 pull in; get out 11 sweat

## 9 Word search

| | | | | | | | | |
|---|---|---|---|---|---|---|---|---|
| A | J | B | S | C | D | E | A | T |
| C | A | N | T | E | E | N | U | R |
| R | M | T | E | L | I | O | T | O |
| I | F | G | E | H | I | R | U | U |
| S | T | J | W | L | K | U | M | S |
| P | L | O | S | M | I | B | N | E |
| S | N | O | R | U | B | B | E | R |
| S | P | I | H | C | P | I | O | S |
| Q | R | M | A | T | H | S | T | M |
| Y | A | D | I | L | O | H | U | V |
| F | L | A | T | W | Z | T | M | X |

| British English | American English |
|---|---|
| jam | jelly |
| sweets | candy |
| autumn | fall |
| trousers | pants |
| canteen | cafeteria |
| crisps | chips |
| toilet | restroom |
| rubbish | garbage |
| torch | flashlight |
| rubber | eraser |
| chips | French fries |
| maths | math |
| holiday | vacation |
| flat | apartment |

### New words p. 22

1 each other 2 cruis(ing) 3 What's going on? 4 as 5 routine 6 lean 7 It might help. 8 I guess 9 manners 10 just

### New words pp. 22–23

1 give up 2 Who cares? 3 close to 4 stare 5 hit 6 floor 7 grow 8 fight 9 turning point

### New words pp. 24–26

1 polite 2 floors 3 need to stay 4 explain, to me 5 the gist 6 booth 7 scrambled eggs 8 Scan the text 9 professional

## 10 Crossword

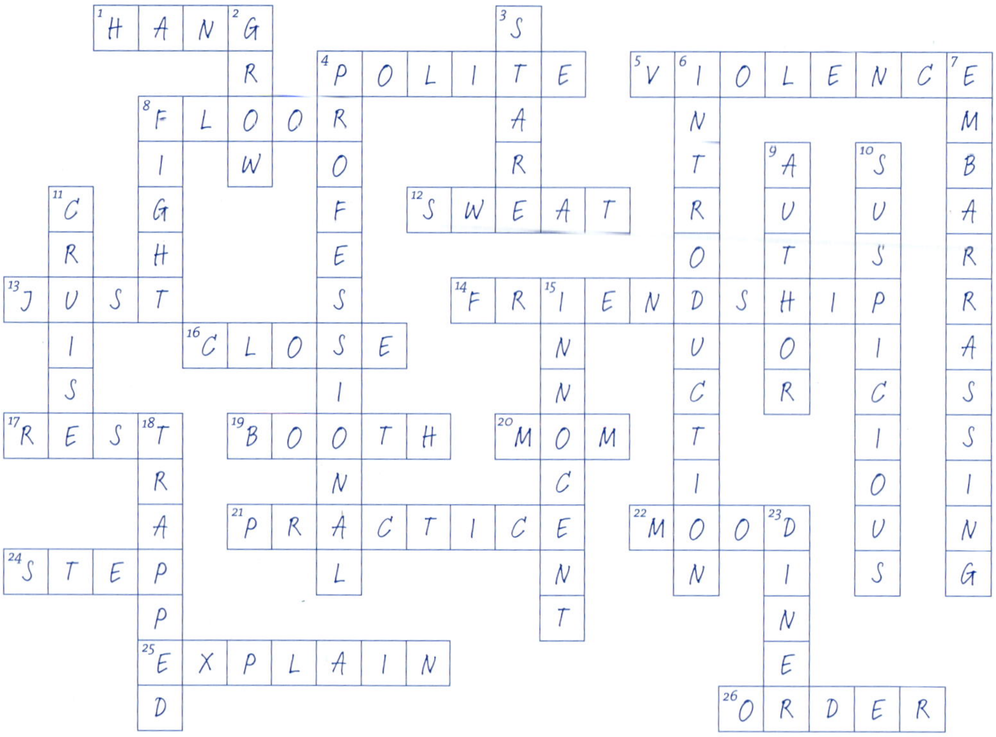

# Unit 2: The best days of your life?

### New words p. 35
1 Lions 2 positions 3 available 4 photographer 5 anytime

### New words p. 36
1 get lost 2 I don't mind 3 grade 4 intimidating 5 ancient 6 change 7 library 8 trust 9 have debated 10 incredible

### New words pp. 36–37
1 I didn't know anybody 2 disability 3 Plus 4 elevator 5 size 6 hallway 7 locker

### 1 Linking
1 C 2 E 3 B 4 F 5 A 6 D

### 2 The fourth word
1 photographer 2 practice 3 ancient 4 elevator

### 3 Opposites
1 get lost 2 get out of a car 3 close to 4 polite 5 unavailable

### 4 What's the word?
1 anybody/anyone 2 someone/somebody 3 anybody/anyone 4 someone/somebody 5 anything 6 something 7 someone/ somebody 8 anybody/anything 9 someone/somebody 10 anybody/anyone

### New words pp. 38–39
1 highlight 2 common 3 are organized 4 as much as 5 cost a fortune 6 fund-raising event 7 so that 8 rent 9 the only one 10 date 11 contract 12 get drunk 13 sign 14 promise 15 behave 16 Alcohol; drugs 17 broke

### 5 Two German words – one English word
1 grow 2 floor 3 date

### 6 Bits and pieces
A position = Position, Stelle, Platz
B available = erhältlich, verfügbar, frei
C anytime = jederzeit
D intimidating = beängstigend, einschüchternd
E incredible = unglaublich
F hallway = Korridor, Gang

1 intimidating 2 available 3 anytime 4 incredible 5 position 6 hallway

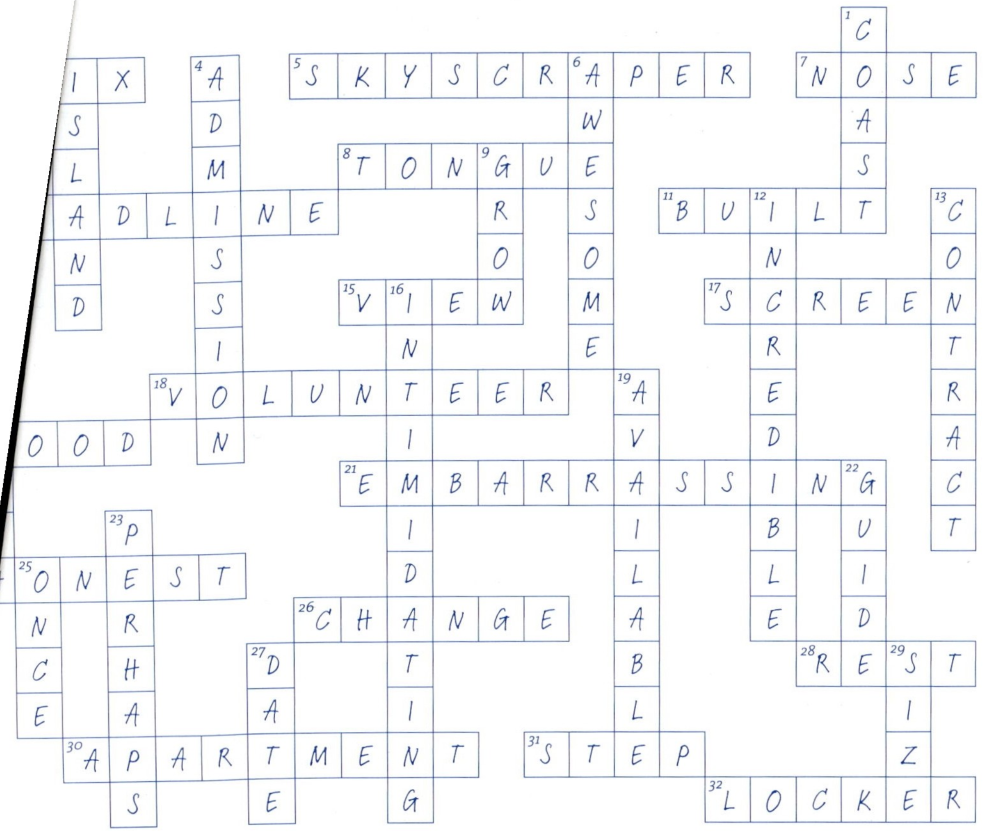

## Unit 4: Stories from the Deep South

### New words pp. 78–79

1 flows 2 are well-known 3 carnival parade
4 landowners 5 force, to do 6 cotton 7 swamps
8 extreme; civil rights

### 1 Definitions

1 carnival 2 parade 3 landowner 4 cotton
5 swamp 6 civil rights 7 flow 8 extreme

### New words p. 80

1 sweet 2 dull 3 nosey/nosy 4 downtown
5 hunt(ing) 6 yard 7 community 8 get around
9 wheels 10 truck 11 (driving) test

### 2 American English – British English

| AE | BE |
|---|---|
| downtown | city centre |
| yard | garden |
| campground | campsite |
| sidewalk | pavement |
| movie | film |
| elevator | lift |

### New words p. 82

1 (American) Indians 2 territory 3 tribes 4 trail
5 tears 6 wife; wives 7 husband; journey

### 3 Find the right words

flow – grow sweet – meat dull – seagull full – pull
truck – luck line – nine
Nicht passende Wörter: machine, how

### 4 Plurals

| | Singular | Plural |
|---|---|---|
| 1 | wife | wives |
| 2 | buffalo | buffalo/buffaloes |
| 3 | library | libraries |
| 4 | chance | chances |
| 5 | disability | disabilities |
| 6 | tooth | teeth |
| 7 | calf | calves |
| 8 | foot | feet |

### New words p. 83

1 fined 2 gown; graduation 3 feather; eagle
4 member 5 However 6 southern



### New words pp. 40–42

1 flute 2 look forward to 3 got used to 4 bump into 5 dream of 6 cheerleader 7 cheered
8 discuss 9 argu(ing) 10 artistic 11 volunteers
12 To start with; is a must 13 try hard 14 a piece of advice 15 prepositions 16 likes and dislikes
17 communicate

### 7 Numbers and letters

organized fund-raising events date highlight sign contract promise behave alcohol drugs

Lösungssatz: *I look forward to dancing with you all night long!*

### New words p. 43

1 community service 2 roll 3 went off 4 shorts
5 clean; like that 6 ignore 7 grocery store 8 push
9 Do you mind?

### New words p. 44

1 smart 2 during 3 cheek 4 Hurry up
5 excitement 6 movies 7 prison 8 I was arrested
9 Keep away from 10 lobby 11 responsible
12 corner 13 seems

### 8 Lost words

1 to 2 to 3 into 4 of 5 for 6 of; from 7 with

### New words p. 45

1 hold 2 belly button 3 killed 4 headed for
5 fixes 6 tooth; teeth 7 Are you kidding?
8 whole 9 image

### 9 Word pairs

build a house fall asleep order a meal read the menu take a rest look suspicious practise the guitar trust a friend cost a fortune rent a car

### New words pp. 46–47

1 announcement 2 off 3 belongings 4 memorial
5 visitor pass 6 editor 7 tough 8 tradition
9 Thanksgiving 10 dress 11 spirit 12 aggressive
13 While 14 be banned 15 Sincerely 16 ends

### 10 Missing letters

1 trust 2 common 3 disability 4 promise
5 store

Lösungswort: *smart*

### 11 Word web

1 change 2 statue 3 avenue 4 polite 5 cruise
6 debate 7 behave 8 choose 9 chance
10 ignore

### 12 Find the right pairs

1 by + at 2 into + out 3 for + for 4 to + up
5 at + off 6 at + up

### New words p. 48

1 Compare 2 smoke 3 dress 4 appropriate
5 similar; in some ways 6 improve 7 advantage

### 13 Find the right words

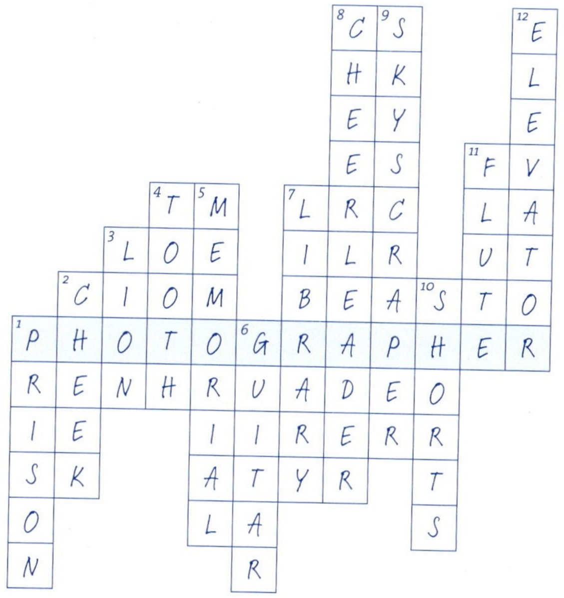

Lösungswort: *photographer*

## Unit 3: On the road in California

### New words pp. 54–55

1 Hiking 2 industry 3 grow 4 grow; desert
5 population 6 Name 7 coast 8 valley 9 ocean
10 degrees Celsius 11 image

### 1 What's the right word: *during* or *while*?

1 during 2 while 3 during 4 during 5 While
6 During 7 during 8 while

### New words pp. 56–57

1 single parents 2 doesn't pay very well 3 part-time job 4 That's because 5 Perhaps; Easter 6 get on well together 7 sea lions 8 route 9 one way
10 sidewalk 11 waved to 12 board
13 admission 14 pull

## 2 The fourth word
1 grow 2 part-time job 3 Easter 4 sidewalk
5 board

## 3 Find the right word
1 industry 2 desert 3 Valley 4 image 5 hiking

**New words p. 58**
1 have a day off 2 highways 3 warning 4 honest
5 not even 6 whale; calf; calves 7 motel 8 old-fashioned 9 are made of 10 get to 11 waves
12 disappoint

**New words p. 59**
1 giant 2 keep 3 because of 4 toothpaste
5 trash 6 Strawberries; agriculture 7 sunshine
8 campground

## 4 Crossword puzzle
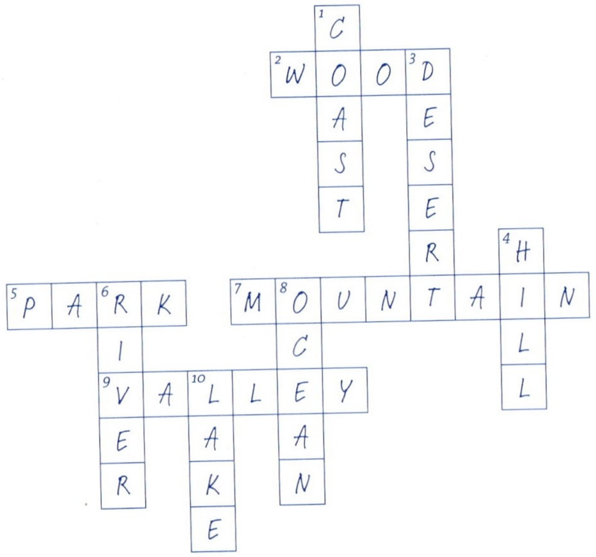

**New words pp. 60–62**
1 journalist 2 Electric carts 3 guides 4 screen
5 passive 6 metals 7 all over the world
8 Headlines 9 hit 10 spotted

## 5 What are the words?
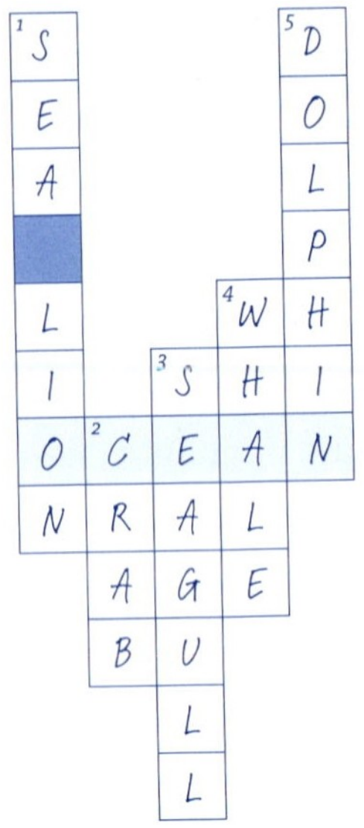

Lösungswort: *ocean*

**New words pp. 63–64**
1 towards 2 nodded to 3 foot; feet 4 thin
5 skin 6 grew up 7 except for 8 makes, laugh
9 pretty 10 ran after 11 stomach 12 walk over
to 13 fool 14 handshake 15 invisible 16 tongue
17 disappeared

## 6 Word partners
1 sidewalk = Gehweg, Bürgersteig
2 highway = Fernstraße
3 old-fashioned = altmodisch
4 toothpaste = Zahnpasta
5 strawberry = Erdbeere
6 agriculture = Landwirtschaft
7 sunshine = Sonnenschein
8 campground = Campingplatz
9 headline = Schlagzeile
10 handshake = Händedruck, Handschlag

## 7 One English word, five German words
1 halten 2 behalten 3 aufbewahren 4 (fern-)halten 5 bewahren

**New words p. 65**
1 blood 2 One day 3 used to play 4 all right
5 after that

**New words pp. 66–67**
1 truth 2 seconds 3 I wish 4 one; one 5 silence
6 let 7 puzzle 8 are afraid of 9 line
10 disadvantages



## 8 Word search

| | | | | | | |
|---|---|---|---|---|---|---|
| C | O | K | E | P | T | K |
| H | H | U | N | G | F | O |
| O | M | L | Y | O | A | O |
| S | P | B | U | I | L | T |
| E | F | G | R | E | W | B |
| X | H | I | T | L | E | T |
| T | E | K | O | R | B | C |

| | Infinitive | Simple past | Past participle |
|---|---|---|---|
| 1 | keep | kept | kept |
| 2 | choose | chose | chosen |
| 3 | hang | hung | hung |
| 4 | take | took | taken |
| 5 | build | built | built |
| 6 | grow | grew | grown |
| 7 | hit | hit | hit |
| 8 | let | let | let |
| 9 | break | broke | broken |
| 10 | fight | fought | fought |

**New words pp. 68–71**
1 detail 2 Immigration 3 chart 4 nation 5 once
6 unless 7 someplace 8 official 9 government
10 website/site 11 commercial 12 volunteers
13 correct 14 direction 15 romances
16 questionnaire 17 absolute 18 twig
19 crackers

## 9 One English word, four German words
1 Mama, ich habe nichts getan, aber Tom hat mich geschlagen.
2 Der Stein traf mich im Gesicht.
3 Papa konnte nicht anhalten, sodass unser Auto gegen das Auto vor uns stieß.
4 Ein Sturm hat letzte Woche die Südküste getroffen.
5 Du solltest deinen Hund nicht schlagen.

## 10 What's the word: *one* ore *ones*?
1 one; ones 2 one 3 one; one; one 4 ones; ones
5 one 6 one; one

## 11 Word building: o

| in- | dis- |
|---|---|
| invisible = unsichtbar | disadv Nachtei |
| independent = unabhängig | disappea verschwi |
| incorrect = falsch | dishonest = unehrlich |
| | disagree = anderer Meinung sein / nicht überein-stimmen |
| | dislikes = Abneigungen |

## 12 Word families

| | Verb | Noun |
|---|---|---|
| 1 | name | name |
| 2 | guide | guide |
| 3 | warn | warning |
| 4 | disappoint | disappointmen |
| 5 | order | order |
| 6 | volunteer | volunteer |

| | Adjective | Noun |
|---|---|---|
| 1 | electric | electricity |
| 2 | true | truth |
| 3 | independent | independence |
| 4 | silent | silence |

## 13 Word friends
1 industry 2 honest 3 improve 4 bus

## 14 Crossword
siehe Seite 8

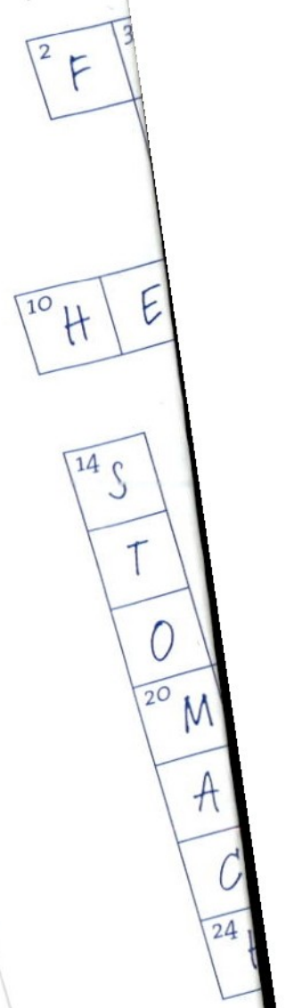

## 5 Do you remember?

uncle – brother – sister – son – daughter – cousins – brothers – sisters – grandfather – grandmother – grandchildren – aunt – husband – wife

## 6 Find the right words

| | | | | | | | | |
|---|---|---|---|---|---|---|---|---|
| | | | 1 t | e | a | r | | |
| | | 2 t | r | u | t | h | | |
| | | 3 t | r | i | b | e | | |
| 4 t | e | r | r | i | t | o | r | y |
| | 5 t | r | u | c | k | | | |
| | 6 t | r | a | i | l | | | |
| | | 7 t | e | s | t | | | |

### New words pp. 84–86

1 boycott 2 segregation 3 at the front 4 law 5 decide 6 protest; company 7 Movement 8 email

## 7 Last letter – first letter

**F**LO**W**ATE**R**ECOMMEN**D**EBAT**E**MAI**L**E**T** RUS**T**EAC**H**AN**G**RO**W**RITE

### New words p. 87

1 per cent/percent 2 flooded 3 told, not to leave 4 escape 5 reports on 6 dead; attic 7 hope 8 on 9 gas (AE); petrol (BE) 10 Good luck. 11 yet

### New words pp. 88–89

1 fancy 2 porch 3 are, gone 4 mess 5 remind, of 6 smell 7 darkness 8 soldier 9 stink 10 fridge 11 pass 12 rescue 13 got to know each other

## 8 Word ladder

1 hike 2 like 3 line 4 fine 5 find 6 kind 7 king 8 sing

### New words pp. 90–91

1 work, out 2 good-looking 3 romantic 4 reviews 5 excellent 6 inform 7 waters; plants 8 walk the dog 9 pattern 10 likable; helpful 11 stressful 12 light

## 9 Word snail

excellent dead romantic light stressful likeable helpful pretty

Lösungswort: *nosey*

## 10 Word families

| | Verb | Nomen |
|---|---|---|
| 1 | water | water |
| 2 | smell | smell |
| 3 | move | movement |
| 4 | volunteer | volunteer |
| 5 | flood | flood |
| 6 | hope | hope |
| 7 | decide | decision |
| 8 | fine | fine |

| | Adjektiv | Nomen |
|---|---|---|
| 1 | sweet | sweet |
| 2 | dark | darkness |
| 3 | romantic | romance |
| 4 | messy | mess |
| 5 | electric | electricity |
| 6 | foolish | fool |
| 7 | silent | silence |
| 8 | traditional | tradition |

1 volunteers 2 waters 3 dark

### New words pp. 92–93

1 summarize 2 According to 3 statistics 4 options; well paid 5 chaotic 6 lifeguard 7 patient 8 look, up 9 version 10 by asking 11 on the job

## 11 Word partners

1 likeable = sympathisch, liebenswert
2 helpful = hilfsbereit, hilfreich, nützlich
3 stressful = anstrengend, stressig
4 darkness = Dunkelheit, Finsternis
5 movement = Bewegung
6 boycott = boycottieren; Boycott
7 downtown = (im/ins) Stadtzentrum

## 12 Crossword

siehe Seite 10

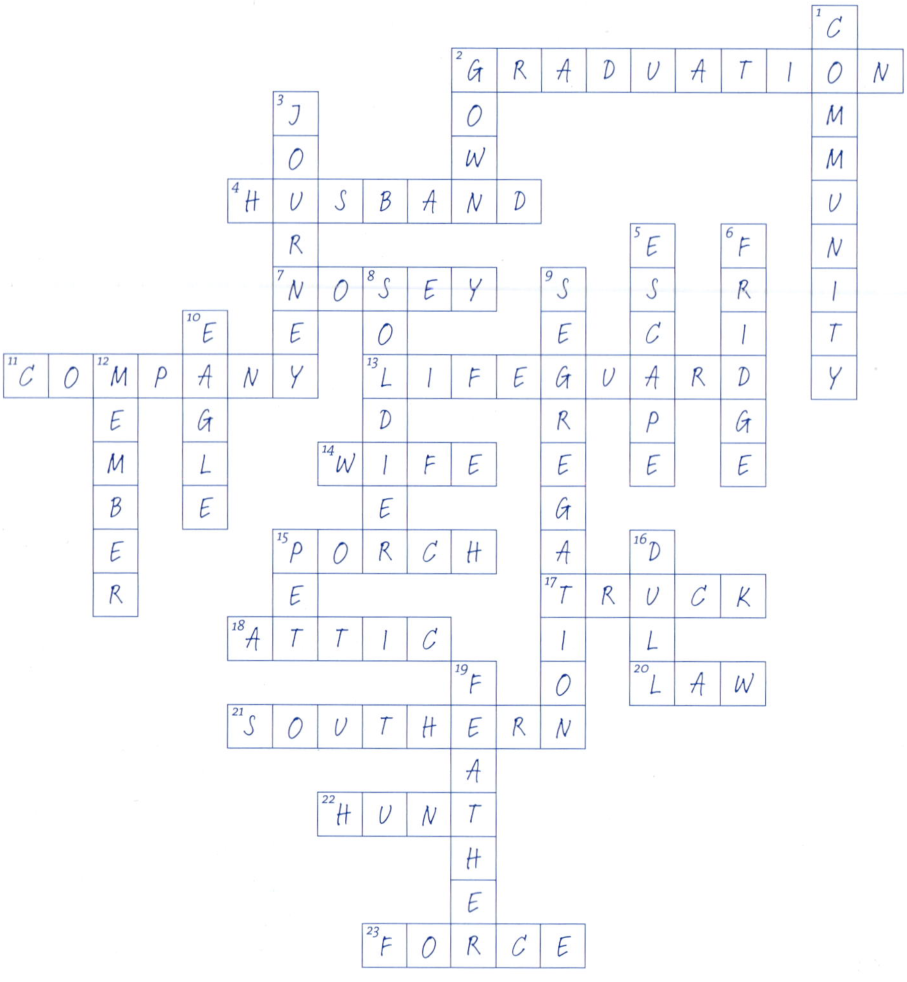


## Unit 5: Family secrets

### New words pp. 98–99
1 secret 2 wanted 3 Robbery 4 necklace; treasure 5 harmonica 6 belongs to 7 badge 8 draw 9 drawings 10 journal

### 1 Definitions

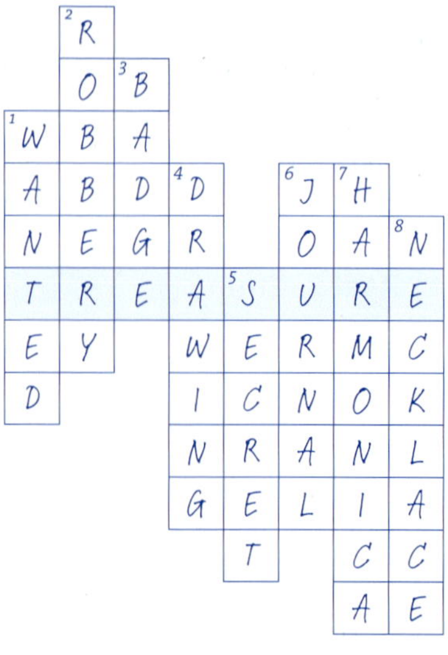


Lösungswort: *treasure: things like gold or money / something that means a lot for sb.*

### New words p. 100
1 voyage 2 uncomfortable 3 deck 4 wooden 5 smelly 6 rolled; seasick 7 storm 8 oatmeal 9 Rice 10 sick; lie

### 2 Find the right word
1 voyage 2 secret 3 robberies 4 wanted 5 treasures 6 drawing

### New words p. 101
1 crowded 2 onto 3 roof; carpenter 4 servants 5 army; battle 6 baker; bakery 7 I hope you are well. 8 PS

## 3 Word search

| | | | | | | | | |
|---|---|---|---|---|---|---|---|---|
| K | C | I | S | A | E | S | A | B |
| L | S | R | S | T | O | R | M | A |
| A | M | V | O | Y | A | G | E | T |
| E | E | C | E | W | R | F | H | T |
| M | L | W | O | O | D | E | N | L |
| T | L | L | L | O | R | E | Q | E |
| A | Y | L | R | K | C | E | D | S |
| O | R | I | C | E | S | I | C | K |

**New words p. 102**
1 was shot 2 is in good spirits 3 wagons; ox; oxen 4 gun 5 woodworking tools 6 baggage 7 dolls 8 milk 9 illness 10 grave 11 by 12 Cholera 13 so far

## 4 Word friends
1 roof – carpenter – wood
2 baker – oatmeal – bakery
3 deck – seasick – voyage
4 army – battle – soldier

**New words p. 103**
1 frying pan 2 comb 3 modest 4 wonderful 5 dung 6 meadow 7 burn 8 disgusting 9 dry 10 moccasins 11 got friendly 12 spots; measles 13 horse 14 skin 15 Once 16 ladylike 17 surprised

## 5 Odd word out
1 flower 2 doll 3 ox 4 baggage 5 grave 6 disgusting

**New words pp. 104–105**
1 acre 2 ranch; almost worth 3 gold mining town 4 cut down a tree 5 plough (BE); plow (AE) 6 cattle; corn 7 twins 8 Cougars 9 Rustlers stole 10 deputy sheriff 11 Outlaws 12 lovely 13 wedding 14 grandson; granddaughter

## 6 Opposites
1 uncomfortable 2 be sick/ill 3 dull 4 dead 5 dark 6 heavy 7 impatient

## 7 Word partners
1 illness = Krankheit
2 wonderful = wunderbar
3 ladylike = damenhaft
4 necklace = Halskette
5 seasick = seekrank
6 outlaw = Bandit, (Geächtete(r)
7 granddaughter = Enkelin
8 lifeguard = Rettungsschwimmer/in, Bademeister/in
9 oatmeal = Hafermehl
10 disgusting = ekelhaft, widerlich

## 8 Word web
1 modest 2 almost 3 secret 4 report 5 desert 6 honest 7 except 8 flight 9 arrest 10 carrot

## 9 Numbers and letters
Dear Julia,
Last week our class went on a trip to a very interesting museum called "Deutsches Auswandererhaus Bremerhaven". It tells the stories of over seven million people who left Germany from this port in the 19th and 20th **centuries** to emigrate to the United States. The museum tour starts in a model of the **historic** waiting hall. From there you get to a model harbour. And then you enter part of an old ship and walk into a **dormitory** under the **deck**. It must have been very **smelly** and **crowded** down there, and the **wooden** beds looked very **uncomfortable**. I'm sure that a lot of people got **seasick** during the long **voyage**. People weren't able to take a lot of **baggage** with them, and none of them knew if they were allowed to enter the United States. All the ships stopped at a small **island** opposite the city of New York. There – on Ellis Island – the **immigrants** had to walk through a long **hallway** before they reached the Immigration Office where they had to answer lots of questions.

Lösungssatz: *Would you and I have got into the USA?*

## 10 Find the right words
draw – law rice – nice sick – quick lie – dry shoot – boot gun – run grave – save
Nicht passende Wörter: have, love, wet, piece